毛ばり釣り師の日記帖

自然は本当に素晴らしいものです

目 次

渓流図鑑

 渓流魚イラスト図鑑   5
 昆　虫イラスト図鑑   9
 フライ図鑑   12
 釣り道具   16

毛ばり釣り師の日記

 はじめに   20
 田舎に引っ越した   22
 フライフィッシング熱中時代   27
 釣り場でやり始めたこと   32
 ライトパターン   35
 大物イワナを釣った話   36
 大ものを釣る   40
 魔法の毛ばり   44
 釣り場で出会う人たち   48
 次は少々不快な人と出会った話   49
 おもしろい出会い   50
 鮎の友釣り   52
 近所の川を再発見   56
 毛ばりについていろんな発見   60
 昔は良かったで終わらせないために   64
 暑い季節の毛ばり釣り   68

ケとハレ　　　　　　　　　　　　　　　72
もうひとつのホームリバー　　　　　　74
日常の風景　　　　　　　　　　　　　78
釣り道具について　　　　　　　　　　82
自然を相手に遊ぶこと　　　　　　　　86
魚の他に釣れる生き物(楽しいアクシデント)　90

実践編

毛ばりを作ろう
　どんなフライを用意しようか　　　　94
　毛ばりが出来るまで　　　　　　　　96
　毛針の巻き方　　　　　　　　　　　98
あなたが最初の一匹を釣る方法
　道具の準備　　　　　　　　　　　　102

おわりに　　　　　　　　　　　　　　109

渓流魚イラスト図鑑

イワナ

南砺市で一番釣りやすい魚で意外と山の麓にいる。２２～２５cmぐらいで泳ぎが苦手。岩や水底にへばりついている。

ヤマメ

同じ大きさならイワナよりパワフルで素早いので釣りにくい。流れの強いところにいる。日本産の小さな鮭の仲間。かしこい魚。

ニジマス

ヤマメと同じく流れの強いところにいる。毛ばりにかかるとジャンプする派手な性格。そそっかしい魚。
アメリカ生まれ。春に産卵する。

ブラックバス

南砺市の溜め池には大体いる。岸のそばにいて毛ばりによく反応する。暑い夏が好きな魚。

コイ

ブラックバスと同じところにいる。水面に浮かんでる餌をパクパク食べる。毛ばりにかかると鮭のようにもの凄く引く。

ウグイ

大きさいろいろ。毛ばりにかかった瞬間は引くけどすぐにおとなしくなる。釣りの練習相手。

渓流の昆虫イラスト図鑑

マダラカゲロウ

※左が幼虫で、右が成虫

黒っぽい１５ミリくらいのカゲロウ。南砺市でよく見かける。５月に羽化して産卵する。幼虫は１０ミリぐらい。

ヒメカゲロウ

５ミリほどで幼虫も同じぐらい。夜になるとコンビニの窓によくとまってる。４月から９月までずっといる。

ツツトビケラ

幼虫は落ち葉や砂でツツを作ってその中にいる。成虫は小さなガに見える。羽根が三角形。黒っぽいので見つけにくい。

ユスリカ

幼虫は赤虫といわれるもの。成虫は夜自販機にとまってるのを見る。一年中いる。魚の大事なご飯のような虫。

カワゲラ

これが結構いっぱいいる。これの幼虫毛ばりがプリンスニンフだと思う。ゴキブリそっくり。

ガガンボ

英語でクレーンフライ。細長い足がクレーンの腕に似ている。グリフィスナットを使えばオッケー。

私のフライ図鑑

フライについて

　フライとは釣りに用いる疑似針の一種で西洋の毛針のことです。疑似針の対象となるのは主として水生昆虫等で、魚の食べ物に似ています。さまざまな形状があり、これまでに数多くのフライパターンが考案されています。

カディス

カゲロウやトビケラが飛んでる時に使う。一年中使えてよく見えて、浮かべても沈めてもつれる毛ばり。色を黒くしてもグッド。

ライトケヒル

見た目が毛ばりらしい毛ばり。カゲロウの成虫が水面に浮かんでる様子を表している。使い方はちょっと難しい。

グリフィスナット

浮かべても沈めてもつれる毛ばり。これも一年中使える。私がまず使うのはコレ。

フェザントテールニンフ

キジの尾羽根だけで作る。カゲロウの幼虫に似せた毛ばり。
簡単に作れる。しかも釣れる。

プリンスニンフ

何を使えばわからない時にどうぞ。
とにかく釣れるから。

ネコフライ

本当の名前はグレーニンフ。カゲロウの幼虫が流されている時に使う。家の裏の川ではレギュラー選手。

アント

梅雨から使うアリの毛ばり。ボン・キュッ・ボンのマイクログラマラス。巻くのも簡単。

釣り道具

釣り道具は色々必要になるけれど・・・
始めは竿と糸と毛ばりだけ、あとネットがあれば大丈夫。少しずつ一つずつ買っていけばいい。魚をつかまえる事ができれば良いのだから。

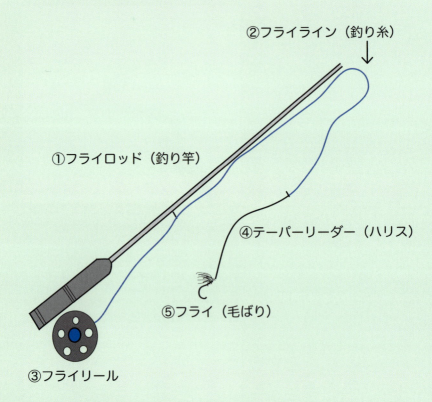

とりあえず始めるために必要なのは以下の3つ
　1．エサ釣り用の竿　家にあるもの
　2．糸（0.8から1号）
　3．毛ばり（フライボックス）
※釣り業界の人たちに怒られるかもしれないけど、フライロッドは絶対に必要という訳ではない。

①フライロッド（釣り竿）
　西洋式毛ばり釣り独特の竿。使いこなすには練習が必要。

②フライライン（釣り糸）
　重さのある太い糸。この糸をムチのように使い毛ばりを飛ばす。

③フライリール
　フライラインを巻いておくためにあるリール。もう一つ大切な使い方は魚がかかってリールからフライラインを引き出す抵抗によって魚を弱らせる。糸を巻いておくためだけのものではない。

④テーパーリーダー
　フライラインと毛ばりをつなげる透明な糸。先に向かって細くなっていて毛ばりを飛ばしやすい。フライフィッシング独特の糸。

⑤フライ（毛ばり）
　これが一番大事。色々ある。楽しみながら悩んでみましょう。

⑥ランディングネット
　確実に魚を捕まえるために必要。専用の物でなくても良い。

日記編

はじめに

　夜が明けて、空が明るくなってきて朝が来たのを喜ぶ鳥が鳴き始める頃、在所を流れる川のイワナとヤマメが目を覚します。
　五月に入りカゲロウの羽化が始まり、釣り人も落ちついていられなくなってきて、フライロットにラインを通します。お気に入りの羽根で巻いた毛針を結び川へ下り立ち流れを見ると、いつもの場所で今日もヤマメがはねています。深呼吸をしてから静かに毛針を流れに乗せると、元気なヤマメが喰らいつき竿を絞りやがてネットに収まったのは、この川で育った天然物、きれいなパーマークを見せています。釣り人も朝の儀式を終えてほっと一息つきます。
　今日は田植えに向けて農作業の繁忙期で、釣り人も朝飯を済ませ作業着に着替えて田んぼに向かいます。
　田舎の人は朝が早い、田んぼや畑の土を耕して空気と栄養を与えて眠っていた土地を目覚めさせます。草を刈り、稲や野菜の苗を育てしっかりと大地に根を張って良い作物が育つ様毎日を頑張っています。
　釣り人も、朝の儀式を終えて、今日は田んぼと畑の荒起し、トラクターに乗って昨年収穫をした固くしまった大地を耕していきます。トラクターの後ろからカラスがくっついてきます。彼らの狙いは土から出てきたカエルやミミズ、朝ご飯の時間です。田んぼの畔にはアサツキが自生していて、今日の味噌汁の具にして酢の物も作ろうか等と考えます。
　今日一日の仕事を終えて家に帰ると、釣り人は竿を持って出かけます。今日仕事をした田んぼの近くに良い流れを見つけて夕方釣ってみようと考えていたのです。今日マダラカゲロウが羽化しているのを見て、朝より少し大きめの毛針を結びます。
　淵から瀬に流れ出す所へ静かに浮かべて流すと大きなイワナが喰らいつきました。朝よりも更に竿を絞り込み、なかなかネットに入りません。少し糸をくれてやりながら3分程でネットイン、本当はもっと簡単に取り込めたのを、少し楽しもうと時間をかけました。

塩焼きにするかなと思いその場でイワナを絞めて、更にその他のポイントに毛針を流してゆくと次から次へとイワナが喰らいついてきます。あまり人に知られていないこの小さな川でイワナが一生懸命生きています。この川からイワナを抜くのは辞めておこうと心に決めて釣り人は家に帰りました。

　さて、アサツキとイワナと玄米の夕食の準備をしていると、釣り人が飼っている猫が足元にまとわりついて「魚をくれ」と鳴いています。

　今日イワナを釣った毛針の材料は実は猫の毛、ブラッシングした時に出たふわふわの毛を使っていました。ご褒美に片身の肉を二匹の猫にあげると喜んで食べます。満足そうに顔を洗ったら、いつもの寝床で眠りにつきました。

　ゴールデンウィークが終わり、いつもの静かで穏やかな日が戻ってきた頃、田植えが始まりました。今年は一町歩の田んぼを無農薬で米作します。なぜ農薬を使わないのかと言いますと、それは生態系を壊さない為です。

　一見何気ない普通の景色ですが、目に見える生き物（鳥、虫、カエル、植物、樹木等）の他にも目に見えない大切な役割を持った微生物が土の中に居ます。微生物は枯れた草や生き物の糞を三年もの時間をかけて栄養分たっぷりの肥料に変え、その栄養をしっかり取り込む稲や野菜は自然に美味しく育ちます。

　近所の見慣れた景色の中に、小さな自然の営みがあり、その完璧なサイクルがお米と野菜を育ててくれます。人間はその仕事の邪魔をしなければ良いのです。

　無駄なものは何もないと言いますが、この景色の中に本当に無駄なものは何もなく、人間でさえそのサイクルの中で生きています。

　また、もう一つ大切な水も、雨が山に降り大地に染み込み土の中の栄養分を取り込んで田んぼや畑に流れます。一緒に空気も取り込んで滋味あふれんばかりの水が微生物を育て、豊かで感じの良い景色が生まれます。

　自然は本当に素晴らしいものです。

🐾 田舎に引っ越した

　はじめまして、綱川智之です。私は2000年に東京から富山へ引っ越して来ました。
　私には子供の頃から「田舎に住みたい」という思いがありました。今考えてみると夏休みをずっと母方の祖父祖母のいる長野で過ごしたのがきっかけになったと思います。
　その頃は体も弱く喘息もちで、家族が病院で相談したところお医者さんに空気のきれいな所で生活させるといいと言われたらしく、
「それじゃ、おじいちゃんおばあちゃんの所においとこう。」
　ということになり、夏休みの間、母方の祖父祖母のいる長野にいくことになってしまいました。
　不安な気持ちを持ちつつ来てみると、周りは東京で見慣れた景色と全然違いました。田舎の古くて大きな家、風呂は五右衛門風呂でおばあちゃんが薪でたいていて、どうやって入ったらいいのか子供の自分には分からず、遠くに山が見えて田んぼがいっぱいあって、駅がものすごく小さく見えて、電車はたまにしか来なくて、線路の上で遊べてしまう。
　遠くに見える山までひたすら歩いてみたけど結局たどり着けずに引き返したり、オニヤンマを捕まえようとしても都会の子供には上手く出来ず悔しかったり。遊びつかれて家に帰り夜になると外は真っ暗。開けっ放しの窓からカブトムシやクワガタやトンボがバンバン家の中に入ってきて、持ってきた夏休みの宿題をほんの少しだけやって。
　不安だったこともすっかり忘れてしまい、田舎というワンダーランドで、従弟たちと朝から晩まで山や川で遊んでいた事をなつかしく思い出します。
　そんな子供時代を過ごして、大人になって、いちおう社会人にもなりましたが、ずっと子供の時の楽しかった田舎暮らしのことは頭の中にありました。それを紛らわすために登山やキャンプやスキーにのめりこんでしまい、今思うと東京ではあまり仕事熱心ではありませんでした。

「なんとかして田舎暮らしを出来ないものか。」
とずーっと思っていたところ、その時働いていた会社が退職者を募っていて退職金も出すという話を聞き、「今しかない！！」と、家族の猛反対を押し切って移住を決めました。
　移住するには家と仕事が必要で、それではどうするか？
　いろいろ情報を探していたところ林業従事者として移住者を探しているところがあるのを聞いて早速申し込みをしにいくと、鹿児島県、島根県、富山県の３県が人を募集をしている。鹿児島と島根はちょっと遠すぎるなと思い富山に決めて、アパートを引き払いいざ富山へ。
　駅に着いて車で森林組合の方々が用意してくれた家に向かいました。
「どんな所にあるのかな。」と思いつつも車は町を抜けてどんどん山の中に入っていく。着いたところは南砺市の樋瀬戸。でっかい家のすぐ裏に渓流が流れていて、でっかい木に囲まれていて中がとにかく広い。東京から荷物を運んでくれた引越業者の人たちはとても驚いたようで

集落の写真

「綱川さん、本当にここに住むんですか？」
と聞かれてしまいました。
　その日は６月２４日。初日の夜「ほとんど勢いだけで来ちゃったけれども大丈夫かな？」

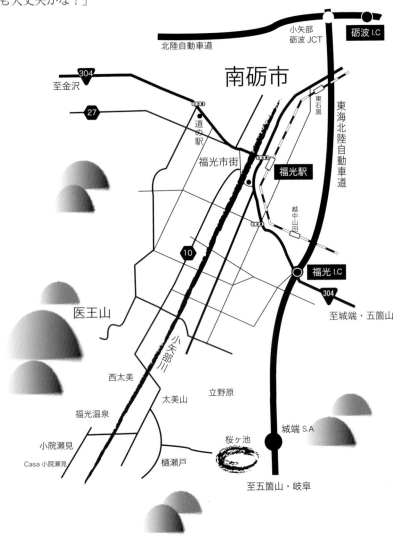

南砺市福光近辺の地図

と、すこし不安になっていると外がぼんやりと明るい。
「まさかお化けか、やだなー。」
　外に出てみると見事に家を取り囲んで飛んでいるすごい数のホタル。光るたびに家が照らされているように見えました。
「いいところに来れた。これでやりたかった事が出来るな。」

　子供の頃祖父祖母の家で夏休みを過ごしてきて、その中で一番私の中に残ったものが「釣り」でした。
　従弟は大変釣りが上手く、見ている目の前でじゃんじゃんニジマスを釣っていきます。おじさんも名人で、私たちをスバルレオーネに乗せていろんな所に釣りに連れて行ってくれました。時々怒られながらもいろんな道具を見せてくれて、いろんな話を聞かせてくれて、そしておじさん自慢の34センチのヤマメの魚拓を見せてくれました。
　自分の手でこんな魚を釣ってみたいと思った最初のきっかけです。そして東京にいた時に『釣りキチ三平』を読みまくり、その中でフライフィッシングを知りました。

我が家の写真

店へ行って入門用セットを買い、入門書を片手に水のない所でフライキャスティングの練習をしていました。
　マンガや入門書のように自然を観察し、毛ばりを選んで投げて、魚を釣り、何を食べているかを調べてから、そっと川に放す。それが今ここ富山で出来る、偶然だったけれども家の裏は渓流が流れている。何よりうれしい事でした。
　さて富山での生活、東京でも一人暮らしをしていましたので家のことは最低限出来る。後は仕事としての林業で生活費を稼ぐこと。毎日山へ連れて行かれ、当然何一つ出来ることもなく体力も続かず少し後悔しました。
　家に帰れば明日の準備に、掃除、洗濯、ご飯、その他もろもろ、なにかと忙しく、休みに釣りに行こうにも疲れきってしまい正直なところ釣りどころではなく、生活のリズムに慣れるのに時間がかかりました。
　釣りに行けるようになったのはしばらくたってからで、疲れた体を引きずって元気もなくやっと釣り場に立てるような感じでした。

集落を流れる打尾川

🐾 フライフィッシング熱中時代

こうして生活も何とかなってきて、近所の川でフライフィッシングを始めました。

しかし、全く釣れない。

東京にいる時にフライキャスティングの練習だけはやっていたけれど、実際に川でやってみると、釣り場に着く前に滑って転んで腰を岩に打ち付けてしまったり、投げても目の前にポトっと落ちてしまったり、糸がチリチリに絡まってしまったり、前や後ろの草や枝に引っ掛けて糸が切れる、毛ばりが引っ掛かってなくしてしまう、やっと投げられてもどこを流れているのか全然見えない。沈んだ木の枝を釣ってしまう、そして目の前では魚が気持ち良さそうに泳いでる、自分は何をしに来てるんだ・・・。

難しい釣りだとは知っていたけれど本当にストレスがたまるし、その時は毛ばりを買っていましたのでお金もかかる、三平君みたいに上手くはいかない。

どうせしばらくは釣れないだろうと分かってはいましたが、それでも場所を変えて気分を変えてやっていました。でも釣り場ではトラブルばかり。

１０回ほど釣りに行きましたが、魚を釣る前におきるトラブルばかりで本当にイヤになってしまい、その場で竿を折って投げ捨ててしまいました。もう二度とやらないと思って。

しばらく他の楽しみを探していましたが、何も無い。やっぱりフライフィッシングがしたい。そして一か月後再挑戦してみようと、竿を折って投げ捨てた場所に行き、値段の高いリールだけを拾ってきて、店で安いフライロッドを一本買い、川に行きましたがやっぱり釣れずにトラブルばかり。誰かに教えてもらいたいけど誰もいないし、買ってきたばかりの竿を捨てるわけにもいかないし、もうやる気もなく川をながめるだけ。糸の先に結んだ毛ばりは水の中に沈んだまま。

「釣りはもうやめよう。」

ボヤーっと魂の抜け殻のようにしていたその時、水の中にほっといた毛

ばりを何かが食って、竿にプルプル感触が！！ビックリしてワー！！っと声を上げてしまいました。小さな魚がかかってる、逃がしちゃいけないと竿を上げたら魚が中を飛んで後ろの藪に飛んでった。

　釣れたのは１５センチのウグイ、本当に本当にうれしかった。

　ロッド１本折って、買ってきたフライをたくさん木に引掛けてなくし、川でこけて歩けなくてうずくまって痛みに耐え、そんな色んな障害を乗りこえてやっとやっと釣ったウグイ一匹、一生に一回しかない最初の一匹でした。

　そうして数々の障害を乗り越えてやっと釣ったウグイ一匹でしたが、やはりイワナやヤマメやニジマスを釣りたい、フライフィッシングで。

　どうすれば出来るか考えました。繰り返し練習することで上達できるかもしれない。同じ川の同じポイントにずっと通い続けよう、同時にタイイング（毛ばりを巻く）道具と材料を買い自分で毛ばりを巻いて、この場所だけでは必ず釣れる様に練習しようと思いました。

　場所は利賀川中流域そばの郷辺りで、休みには必ず行きました。雨の日

初めて釣ったウグイ

も風の日も。

　まず魚の居る所へトラブルを起こさずに毛ばりを飛ばさなきゃいけないので、いろんなものに引っ掛けることなくキャスティング出来ること。見やすくて釣れる毛ばり巻くこと。この二つに的を絞って休みのたびに猛練習をしました。

　そうしたことを気にしながら、釣りをしていると色んな事に気付ける様になりました。

　川について準備して「さぁー釣るぞー」と竿を持つと、今までそこで泳いでいたイワナがあわてて遠くへ行ってしまう。場所を少し変えて釣ろうとするとまたイワナが逃げていく、始めの内はそういう事ばかりでした。そういう日は一匹も釣れず、肩を落して家に帰ることになる。

　調べてみると、釣り人はしゃがんで魚の死角にいなきゃいけないらしく、とくに水が澄んでいてこっちからイワナが見えるときにはイワナも陸に居る人間が見えている。「見えている魚は釣れない」「木化け、石化け」ということらしい。波立った流れや濁った流れではイワナから釣り人は見えないけれど、鏡の様な平らな水面で流れが透明な場合は釣り人が丸見えで、これが「フィッシュウィンドウ」だということがわかりました。

　暑い季節には川につかって涼しく釣りたいけれど、そうするとイワナを遠くへ追いやりながら釣り人はイワナのいない所で一生懸命に釣りをする

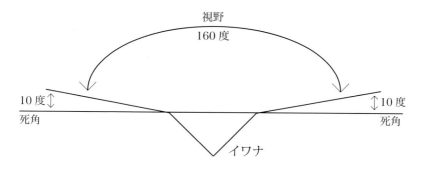

フィッシュウィンドウ
人間と比べて魚の見える範囲は広い。

事になってしまう。気がついたことの一つです。

　練習課題のもう一つ、毛ばりを巻くこと。これもまた覚えるのが大変でした。

　毛ばりを巻くということ自体が簡単ではないし、毛ばりの種類がどれだけあるのかも知らない。それに岩魚は餌として毛ばりを咥えるわけだからどんなものを食べているのか知らないと、どんな毛ばりを巻いたらいいのかも分からない。道具を買ったお店に行って最初に何を巻いたらいいのか聞きに行きました。それとイワナの食べ物を調べる「ストマックポンプ」というもの、スポイトを大きくしたようなもので魚を殺さずに胃の中身を吸い出せるものを勧められてそれを買ってきて。

　教えてもらった「カディス」という毛ばりを三個巻いて利賀川に行き、一番近いところにいるイワナのそばにカディスを投げてみると、なんとすぐに釣れてしまいました。

　ウグイ一匹釣るのにあんなに苦労したのに、あっさりと２０センチぐらいのイワナが釣れた。うれしいよりビックリでした。そしてストマックポ

イワナの食べた物（抜け殻と木の枝）

ンプを使って食べたものを吸い出してわかりました。いろんな虫が出てきたけれどこの魚を釣った「カディス」に似ている虫が一番多い。テストの答え合わせをしているような感じです。

　なるほどなーと思いました。

　まずカディスで一匹釣る、そして食べていたものを調べて（必要なら持ち帰って）それに似た毛ばりを巻けばいいんだと、もし吸い出してみて違うものが出てきても毛ばりをハサミでカットして形を変えて使っていけばいいんだと、自分で巻いているからこそ出来ることだと分かりました。

　その日吸い出したものを用意してきたビンに入れて持ち帰って、家で虫眼鏡で観察しながら毛ばりを巻きました。今でもそうしていますが、そうすることによって巻く毛ばりが自然と決まってくるし、けっして安くない材料をいっぱい買わなくてもいい。

　他の川に浮気もせずにそのポイントに一年間通って、イワナがどの時期にどんなものを食べるのかが分かり始め、フライボックスの中身も釣れる毛ばりでいっぱいになり、そして何より行けばちゃんとフライフィッシングでイワナが釣れるようになってきました。

毛バリを巻く道具

🐾 釣り場でやり始めたこと

　少しずつ少しずつ釣れるようになってきて楽しくなってきたところで再び「魚が釣れない病」にかかってしまいました。となりの人は釣れてるのに、釣れる自信のある毛ばりもある程度持っているのに、自分の釣りに何が足りないんだろうか？
　フライフィッシングは4つのパートに分けることが出来ます。
　①観察
　②タイイング
　③キャスティング
　④フィッシング
　観察について。川に着いたらまず水量とか水温とか魚がいるかとかをよく見て釣っていたつもりなのに、向こうで釣っている人と比べると、自分はあまり釣れていない。この差は何なんだと思い、家に帰って釣りの勉強。
　ルアー釣りやえさ釣りの本。虫についての本。鳥の図鑑。職漁師の本等よく見ていたら「釣りたい気持ちは分かるけど、まずは川ばかりでなく周りの事もよく観察すべき」という感じのことが書いてあるのが目に留まりました。
　いつも釣っている利賀川などで見かけるトンボやセキレイなどについて調べてみると、飛んでいる餌を捕まえることができるらしく、つまりイワナの餌となるカゲロウやトビゲラが羽化して飛んでいるのを捕まえるために川の近くを飛んでいると、フィールドサインという事らしく、それを見つけられれば使う毛ばりを決めることが出来て、イワナが釣れたらストマックポンプで答え合わせをすればいいらしい。
　早速それを確かめに利賀川に行きました。
　釣り道具の準備を後回しにして川に下りて川以外のところをよく観察していると、セキレイが尻尾を上下に振りながら流れの中の岩の上に止まっていて、ときどき飛び上がってまた戻っていく。さらによく見ていると飛んでる最中に急旋回している。その急旋回している時に口をパクっと開け

て何かを食った気がしました。そして2回目にセキレイが同じ動作をした時、はっきり見えました。飛んでいる小さなカゲロウを飛びながら食べる瞬間を。

　今までこういう事が起きているなんて思いもしなかったので、始めてそれを見た時は大発見でもしたかのごとくうれしかったです。そして食べられているカゲロウの大きさと色が同じような毛ばりを結んで流してみると、次から次へとイワナが毛ばりに食いついてくる。場所を変えてまた竿を置いて川の周りをよく見ていると今度はカワゲラが飛んでいる。そしてそれに似た毛ばりに結び変えて流してみると、次々とイワナが毛ばりに食いついてくる。これでとりあえず「魚が釣れない病」が克服出来たわけです。

　そしてもう一つ、釣りの勉強を家でしている時に目に留まったのがライトパターンということ。毛ばりが水面に浮かんでいる時、毛の一本一本が水面に突き刺さりその刺さった部分の水面が少し凹む。その凹んだ部分に太陽の光が入って乱反射を起こし、水面に浮かんだ毛ばりの周りだけが水中から見るとキラキラ輝いている。そのキラキラめがけてイワナが食いつくということらしく、透明なコップに水を入れて毛ばりを浮かべて太陽の光の当たるところで下から覗いてみると、この事がよく分かります。

　これも利賀川に行って実験をしてみました。

　川で観察した虫に似せた毛ばりと、同じように水面と接する全く見た目の違う毛ばりを使って、同じ場所のイワナが釣れるかどうか。

　どちらでも釣れました。

　イワナは両方の毛ばりに対して同じような反応の仕方をしました。ということはつまり水面に接する部分さえ気をつけて巻いておけば、毛ばりの上の部分は人間が見やすければいい。毛ばりを巻く材料は安くないし、これが理解できれば川に持っていく毛ばりも少なくて済むし、大変いい事に気がついたわけです。

　それ以来私は釣り場に着いたら、釣りたい気持ちを抑えておいて観察することから始めるようになりました。以前より釣れるようになった気がします。

RPDCという言葉があります。
① R→リサーチ　　→観察し予測する
② P→プラン　　　→どうやって釣るか
③ D→ドゥ　　　　→釣ってみる
④ C→チェック　　→予測した内容を確かめる

　ストマックポンプで、イワナを生かしたまま釣られる直前に食べたエサを胃から吸い出して、シャーレーという白い皿にあけてみるといろいろわかります。観察して予測した通りの結果になったか、または予測と違った結果が出たか、結果が違ったなら今度は違うプランで釣ってみる。

　永遠にこれの繰り返し。

　毛ばり釣り。特にフライフィッシングは人によって向き不向きがあると思います。一匹を釣るのにこれだけの手間をかけるから
「そんな釣り、絶対にやらない。」　と思う人がいて当然です。

　でも、私はフライフィッシングが大好きです。

釣り場でストマックポンプ調査

🐾 ライトパターン

　よくよくフライを見ていると、なんでコレに喰いつくのか？不思議に思う事があります。ここで簡単な実験を。透明なコップに水を入れてフライをそっと浮かべます。明るい所へ持っていってコップを下から覗いてみると、フライが水面にのっている所だけがくぼんでゴルフボールのディンプルの様にキラキラ光っているのが見えます。イワナはこのキラキラ光っているのを見てエサが流れてきた事がわかる。

　アメリカのゲーリー・ラフォンテーンという人が見出した「ライトパターン」。形の違うフライは流れに浮かべた時に出来るライトパターンも違いますので、魚たちはこのライトパターンを見て、虫かゴミかを区別しているのではないか？という考えです。そうだとすると、本当に虫そっくりに作らなくても（リアルイミテーション）釣れるし手元が器用でなくても、十分に楽しめる事になります。リアルイミテーションフライは、魚を釣る為ではなく人間を釣る為のフライだろうと思います。

毛バリを水に浮かべてみる

🐾 大物イワナを釣った話

　今まで釣ったイワナの中で一番の大物は４１センチ。南砺市の利賀川上流域で釣りました。
　２０１４年４月２１日、春の雨が降ってとても寒い日でした。
「今日は大物が釣れる。」
　なぜか朝から予感がはたらいて大きな毛ばりを二つ巻いてから出かけました。今は流れが変わってしまいましたが、利賀川上流にはこんな雨の日に釣りやすい橋の下のポイントがあり、そのポイントは下流にあるダムから上ってくる大物が時々釣れていました。その時までも尺イワナを何匹か釣っている流れです。
　ポイントに行く途中で大雨による春の雪崩があって着いたのはお昼過ぎ。車を降りるとも凄い川音が聞こえました。橋の上から覗いてみると、雨による大増水。更に雪代が一気に流れ出て水の色が白濁していました。

利賀川上流

普通なら止める所ですが、朝から今までにない予感があり、フライを流すことにしました。

こんな時イワナは脇の流れのゆるい所に避難しています。普通のサイズのイワナは。しかし大きく成長してヒレも厚くしっかりしてきた大物はこんな増水時に流れを上ります。なので狙うポイントは強く流れる流芯の底、沈んだ岩が流芯にあれば岩の前か後ろ。そこにいるであろうイワナの目の前に、口の前に毛ばりが流れていけば必ず食ってきます。

釣れない場合は、そこにはイワナはいないということになります。大きめの、クジャクの羽根をつかった２つのフライ（グリフィスナットとプリンスニンフ）を結び、岸に近い流れを流していました。

釣れてくるのは春に生まれたヤマメの新子ばかりで、あっという間に２０匹ぐらい、とても口に入らないような大きなフライを一生懸命くわえてくる。それはそれで楽しいのですが今日の狙いは大イワナなので釣れたらすぐに放していきました。そして一番岸に近い、一歩踏み出せば届くくらい近くにある流れを釣りました。あまりにも近いので少し後ろに下がっ

４１cmのイワナ

てちょうど竿先の真下に糸が垂れるようにして。

　折れた枝や落ち葉などがいっぱいで流すごとに毛ばりに引っかかり、とても釣りずらいので後回しにしていたポイントで、さらにすぐ傍に人が立っているし、まずいないだろうと思っていました。その時は。

　流れのど真ん中に頭ほどの岩が沈んでいてそこに毛ばりが引っかかったらしく、糸が動かなくなり「また引っかかったか」と思い、毛ばりを外そうと何回か竿を上下にあおっていたら、その岩が急にすごいスピードで下流に流れはじめて魚が針を外そうと頭を振るたびに竿も根元からひん曲がりました。

　「きた！！」

　手にはゴンゴンとすごい手ごたえが伝わってくる。

　「ハリスは新品の1号、毛ばりは返しのある太い軸に巻いてある、毛ばりは口先にがっちり掛かっている。大丈夫だ。」

　下流に見える落ち込みから下ってしまったらまず取れないと思い切り踏ん張りをきかせて強引に引き寄せる。

　この時は、こんな天気で川に入ったら危ないからと思い長ぐつもはかず

家に飾ってある写真立て
（写真と毛バリと胃の中身のホルマリン漬け）

釣っていましたので、どうやって取り込むか困りました。とにかく大増水で取り込めそうなゆるい流れがほとんどない。

　自分が立っている横に大きな岩があり、その下流に小さなよどみがあったので、そこへ誘導してみたら水深が増水でかなり深くなっている。

　仕方なくそのまま川に入ってイワナの尾びれのくびれをつかみ取り込み完了。

　４１センチの天狗の様に鼻先の曲がった（写真では痩せて見えますが）胴周りも両手で支えていないといけないほどの巨体で、そのでっかい口の先にしっかりと毛ばりがくい込んでいましたが、もう一つの毛ばりがない。

　大イワナの口の中を覗いてみたらありました。のどの奥のほうに引っかかってました。目の前に流れてきた二つの毛ばりを大口で一気にくったらしい。タイミングがあったのかよほど腹をすかせていたのか、腹の中から出てきたのはカワゲラの脱皮殻と小枝の切れ端のみでした。

　取り込んだよどみに生簀を作り、大イワナをそこに放して、ちゃんと流れに帰れるように落ち着かせて写真撮影完了。そこで自分がびしょぬれになっているのに気がつきました。

　しばらくは放心状態で２０分ほど魚を眺めつつボーっとしてました。

　「いつも釣ってる近所の釣り場にこんなのが居るのか。それにしてもこの毛ばりすごいな」

　と思いつつ、そして大イワナを水の中で両手で支えてみずから泳ぎだすまで待っていると、体力が戻ったのかまたすごい激流の水底に猛スピードで帰っていきました。

　もう心の底から満足したのでその日は帰りました。そしてこの二つの毛ばりを次回のつり用に巻いて、今日使った毛ばりは撮った写真と一緒に部屋に飾りしばらくの間よい酒の肴となりました。

　今でも家に飾ってあります。

🐾 大ものを釣る

　大きな魚を釣ろうとする時、大抵は太い糸に大きな毛ばりを使いたくなりますが、細い糸に米粒程の小さな毛ばりが効果的な事がよくあります。
「そんなもんで釣れるわけないだろう」
　私も始めたばかりのころはそう思っていましたが、３３センチのイワナを全長５ミリの毛ばりと０.３号のハリスで釣ってから考えが変わりました。
　私が釣っている場所は南砺市周辺ですが、梅雨に入ってむし暑くなってくるとイワナやヤマメやニジマスが食べるエサが変わってきます。
　それまでは体長１５ミリ程もあるマダラカゲロウやモンカゲロウなどが羽化の時期を迎えますので大きな毛ばりで釣れますが、梅雨に入る時期から魚のえさが突然小さな虫に変わってきます。たとえその魚が５０センチを超える大物渓流魚であってもです。
　想像してみると面白いもんです。大きな魚が急流を流れてくる５ミリも

33cmのイワナ（利賀川にて）

ない小さな虫を大きな口をすぼめてチョコチョコ食っている様子。

　アリ・ブユ等、全長が5ミリもない全体的に黒っぽい毛ばりが良い時期になります。イワナに限らず、ブラックバスも大きな口を器用に使い小さなアリを腹いっぱい食べてます。また、小さな毛ばりで釣るもうひとつの面白いところは、毛ばりが水面の上にぽっかり浮かんでいるのか、水面直下を流れているのか魚がしっかり見ている事。水面直下を流れてくる虫を食っている魚にぽっかりと浮かぶ毛ばりを流しても魚は近くまで来て、見切って戻っていきます。そして釣り人は悔しがる。

　「コンチクショー！よく見てやがるなー。この魚！！」

　捕食ステージといいますが、魚が虫をどこで食べているのか、そこを釣り人は見極める必要がでてきます。

　どうすればわかるのか？　答えは魚の出方にあります。

　大まかに言うとこんな見分け方ができます。

【ヘッド＆テール】　魚が水面上に頭から尾びれを順番に見せるように滑らかにはねるのは、水面直下のえさを食べている。

50cmのニジマス（庄川本流にて）

【スプラッシュライズ】　バシャ！と派手にはねるのは、ポッカリ浮かんでいるえさを食べている。また水中を流れるえさを食うため、水底からまっすぐ上がって、いきおいあまって派手にバシャ！となる場合もある。

【バルジングライズ】　水面にモワーンと波紋が広がるのは、水面下のえさを食べている。

【シンプルライズ】　水面上に口だけ出すのは、水面上のえさを食べている。

　やはりよく観察することが大切です、目の前で魚がはねていても落ち着いて見ることが大事です。

　その日も暑い日で、朝から利賀川を釣りながら上流へ上っていくと木のトンネルのようになった流れのゆるい淵に着きました。水の流れが岩壁にあたっているところで静かにイワナが水面の上を流れている小さな何かを口だけ出して食っているのを見つけました。

利賀川のイワナ

竿を脇に置いてしばらく観察。大きいイワナでした。しかし何を食っているのか全く見えないのでまずグリフィスナットの小さいものを０.３号のハリスに結んで流してみる。ちょっと目を離していたら毛ばりがなくなっている。合わせてみてもすっぽ抜け。

　イワナの場合、針が掛かっていなければ（イワナがおどろいていなければ）毛ばりに出ますので再度流しました。

　よく浮くようにポケットティッシュで乾かして、今度は毛ばりの直前まで来て食わずに戻っていく。浮かべてだめならと毛ばりの上半分だけ浮くように薬をつけて流しました。うーん、全く見えない。

　すると毛ばりが流れているだろうと思うところにイワナがよって来て口を開けて何かを食ったような仕草をした。ラインを張ってみると、いきなりゴンゴンと頭を振るイワナ独特の引き。水が澄んでいましたので尺イワナだとわかりました。

　掛かったところに倒木が沈んでいて、そこに糸を巻かれたらアウトなので、糸を倒木にひっかけないように慎重にやり取りしネットに入りました。フッキングを確認してみると、小さなグリフィスナットがイワナの大口の端に皮一枚に引っ掛かっているだけなので毛ばりの軸が透けて見えている。毛ばりはすぐにはずれました。胃の中を確認すると、３ミリほどしかない黒いブユがはいっていました。

　同じ大きさの黒い毛ばりを持っていたのでつけかえて、さらにハリスを０.２号に落としてもう一回流すと、さらに大きなイワナが静かに毛ばりをくわえましたが、首を一回振ったところでプチっと糸が切れておわり。

　「うーん、今のはデカかった。」

　取り込めなかったけれど一発で食ってきたのはとてもうれしいことでした。小さな毛ばりで、細い糸を使って魚を釣る「ミッジング」。今までいろんな釣り方をしてきましたが、これ程スリリングでワクワクする釣りは他にはないと思います。

　このミッジングが出来るようになったら、あなたは一生フライフィッシングから離れられなくなります。確実に。

🐾 魔法の毛ばり

　何を使っても釣れない。そんな時に結ぶ毛ばりが二つあります。４１センチの大イワナを釣った毛ばりです。

【プリンスニンフ】
　日本語に訳すと王子様のニンフ？。ニンフというのは水生昆虫の幼虫のことでプリンスとなっていますがこれはカワゲラの幼虫のイミテーションだといわれています。毛ばりと本物を並べて見比べてみるとわかりますが、たしかに似ています。しかしいまだに不思議なのはこれで漁港の中にいるボラを釣ったこと。海にカワゲラはいない。
　まったく魚は何だと思って食ったのか？

プリンスニンフ

【グリフィスナット】

　ジョージ・グリフィスというアメリカ人が１９３６年に考案したという毛ばりです。ナットというのはユスリカ・ブユなどの小さな虫のことでフライフィッシングの世界ではこれをミッジといいます。

　これらの虫が水面に浮かんでいる様子。脱皮に失敗した虫が固まり合った状態で水面や水中を流されている様子。この小さな虫の抜け殻が流されて固まりとなって水中を流されている様子などを表していると言われています。また春先などガガンボが魚に食われているときにも効果的で、あの細長くてたよりないガガンボが羽化に失敗して表面張力につかまって流されている感じが表されているのかなと思います。

　確かに、カゲロウやユスリカの抜け殻のみ食っていたニジマスをこの毛ばりを浮かべて流して釣ったことがありました。

　５ミリほどの毛ばりで４０センチ以上もあるニジマスが釣れてしまうわけです。

　この二つの毛ばりに共通しているのはクジャクの飾り羽を使っているこ

グリフィスナット

とで、あの緑と青と黒の混じりあったきらきらした感じが水面や水中では、透き通った抜け殻や羽の透明感や、羽化に失敗して固まりとなって流れ光を浴びて水面や水中できらきら光っている感じをうまく表しているのかなと思っています。

　また無色透明なコップに水を入れてそっとグリフィスナットと捕まえてきた小さなユスリカを並べて浮かべて、日の当たるところでコップを下から覗いてみたことがありますが、浮かべることによって出来る水面の小さなくぼみに光が乱反射してそこだけきらきらしている様子は、魚目線（ライトパターン）で見れば、本物も毛ばりもどちらも同じに見えます。でも本当のところは魚に聞いてみないとわからない。

　これらを使わなくても本物そっくりに巻いた毛ばりもありますが、まずそういう毛ばりは作るのに高い材料を使うこと。そういった材料は近くで手に入らないこと。本物と同じサイズに作って流れにのせると全く見えない。フライフィッシングの技術としてそれを使いこなす方法がありますが初めての人にはあまりにも難しい。実際に近所で日常的に釣る場合にはそのようなリアルイミテーションはいらないと思います。

　もうひとつの利点は、これはどの毛ばりにもいえますが、グリフィスナット・プリンスニンフのような毛ばりは、釣り場でいろんな形に加工できること。

　巻かれている材料を切り取ってしまったり、巻かれている毛を刈ってみたり出来ます。実際にやってみると、その毛ばりで食わなかった魚が加工して形が変わったことで釣れるということがあり、胃の中身を確かめてみると同じ形の虫が出てくることも度々あります。

　そのために釣りに行くときは、ポケットに先のとがった小さなハサミを持っていったほうがいいと思いますが、そこまでしなくても十分に釣れる毛ばりです。

　鯉やフナやボラまで釣れてしまう魔法の毛ばり。１年中いつでも使う事が出来て慣れれば作るのも簡単。流れにのせて見えないときは目印を巻きつけておけば大丈夫。

　何百年と続くフライフィッシングの歴史の中で、先人たちが困った時に

どんな状況でも使える毛ばりを作って、そして今でも世界中で困った時に使われる二つの魔法の毛ばり。不思議でおもしろい毛ばり。もちろん近所の釣り場でも大活躍です。
　もうフライフィッシングはやめられない！！
　ちなみにイワナ・ヤマメ・ニジマスを釣ってもいいのは、条例でおよそ３月から９月までと決まっていますので、それ以外の期間は身近にいる鯉やフナやウグイなどに使ってみてください。
　条例に違反するとおまわりさんが来ますよ。それと必ず入漁券を買うことを忘れずにお願いします。

利賀川でのイワナ釣り

🐾 釣り場で出会う人たち

　釣り好きな人たちが川に集まって来ますので、初めて会う人たちでも、川では皆友達で名前も仕事も知らないけれども、話がはずんだりフライを見せ合ってみたり、そういう人との出会いも楽しいものです。
　言葉の通じない外国の人たちとも、フライフィッシングを通じてなら会話になってしまうのが楽しい。
　こっちが日本語で、向こうは英語で、それで会話して何故か笑い合ったりして。趣味はそういうものだと思いますが、好きなものどうし、国も性別も年齢も肌の色もまるで関係なくなります。
　ある夏の日、近所の池でブラックバスをフライで釣っていた時の事。外人さんが車からおりてニコニコしながらやって来ました。
　外「ハロー」
　私「こんにちは」
　外「□×○？！・・・」
　私「バス釣れたよ、ホラ」と言って見せる。
　外「Oh―！！」
　私「どうしたの、迷ったの。」
　外「アローザ」（近くのスキー場の名前）
　私「アローザならすぐ近くだよ。」
　外「□×○？？！！□×○・・・。」
　私「ここから交差点を曲がって。」身振りをしながら教える。
　外　（ニコッと笑って）「□×○？・・・。」
　私「そんじゃ気を付けてね。」
　外「サンキュー！！」
　心配なので目で後を追うと、ちゃんとアローザに向かって走って行きました。好きなもの同士、言葉は全く関係なかったという話でした。

🐾 次は少々不快な人と出会った話

　釣りする人に悪い人はいないと言いますが、居ますよ。たまに。
　イワナが釣れる様になってきた頃、利賀川へ行きました。すると、先に一人釣っているので少し様子を見ていると釣れていない。それじゃ小さなアリンコフライでやってみるかなと思い、おにぎりを食べながら準備していると、向こうから話しかけてきた。
（仮にAさんとします）「こんにちは。」
　私「どうも！！釣れますか？」
　Aさん「・・・・。アンタ、ごはん粒で釣りか。釣れねーよ、それじゃ！」
　カチンと来ました。フライロッドをもっていて、フライを結んでいるのに、どっから見てもエサ釣りには見えない。
　私「すみません。下流で釣らせて下さい。」
　丁寧にお願いしましたが、Aさん、だまってふんぞり返って見下している様子。岸際にイワナが見えたので一投目で釣ってみせました。ネットにいれてAさんに見せに行く私。
　Aさん「・・・。フライ何使った。教えろよ。」
　私「ごはん粒で釣ったよ。おにぎり一ケやるから、アンタもこれで釣れよ。」
　Aさん、鬼のように怒ってましたが、何も言えない。先にちょっかい出してきたのそっちだしね。私は次のポイントへ移動の準備。
　目の前におかれたおにぎりを見つめ立ちすくむAさん、すぐに車に乗って帰って行きました。運転お気をつけ下さい。
　その時私はドナルドダックのTシャツに短パン、ビーサンはいてました。片やAさんはコロンビアのフィッシングベストにチェストウェイダー、レイバンのサングラス、上等なフィールドシャツ。変な格好したおにぎり食べている奴が後からやってきてミッジフライで一匹釣った。
　腹がたったのでしょうが、しかし格好つけても釣れないよ。道具にばかり金をかけるよりその金と時間で川に行って、しっかり観察して釣りをし

ましょう。少しでも長い時間フライを流しましょう。そして川が流れる自然から何かを学びましょう。

「より多くの事を学べば、必要なものは、より少なくなる。」

誰が言ったか知りませんが、この言葉を思い出すような出来事でした。

🐾 おもしろい出会い

その日も、利賀川のいつものポイントで釣っていました。その頃は細糸と小さな5ミリ程のフライでミッジングの練習に夢中でした。

充実した練習に満足して帰ろうかと思うと「なかなかお上手ですね。」声を掛けられれました。振り返ると3人の方がいます。使いこまれた道具や竿を持っているベテラン選手。シニアグラスを使っている所を見ると自分より年上のよう。

私「こんにちは、どちらから来られました？」

Bさん「岐阜から車で今朝つきました。明日まで2日間やるつもりで。毎年利賀川に来てるんですよ。」

と、名刺をもらいました。見ると（岐阜県C町）と書いてある。（んー？C町って兄が養子に行ったとこだぞ？知ってるかな、兄の事、聞いてみっか。）

私「あのー、私東京出身富山住まいなんですけれど、兄が東京からC町へ養子に行ってるんです。D雄って名前なんですけど、ひょっとして知ってますか？」

Bさん「養子行った先の名字は？えええ！！！D雄さんの弟さん！！家のとなりだよー！！」

Bさんも連れの人も私も本当にビックリ。フライフィッシングが縁で知り合いになる事ってよくある話ですが、まさか兄のおとなりさんと合うとは。で、その場でお茶会が始まりました。たいてい皆車の中にキャンプストーブとか用意してありますし、色々話して今度私が岐阜へ釣りに行く約

束をし、みんなで写真をとりました。
　Bさん、話を聞くと日本でフライフィッシングが流行り始めた頃からやっているそうで、本当のベテランでした。私がフライフィッシングをしたくて無理矢理富山に移住した話を聞いて、
　「いやー、本当にそういう人っているんだねー。オレも長くやってるけど、アンタ、なかなか上手いよな。本当本当、実はね、話しかける前にしばらく（どんな釣りをするか）見てたんだけど、この人、上手いなって思ったよ。皆で話してたんだ。」
　暗くなってきて、そろそろ帰ろうかと思い互いのフライを交換して別れました。そして次の年、残雪が残る春の岐阜の川へ行ってきました。まず兄の家へ行って「本当にとなりかな？」と行くと、いましたBさんが。駐車場にカヤックが吊ってあって、車の中はフライロッドがいっぱい。「釣りキチだなー。」Bさんにはメールでリクエストしていたヤマメのポイントに案内してもらいました。
　白状しますが、この時まで一度もヤマメを釣った事がなく、ぜひこの機会にヤマメ釣りをマスターしたいと思っていました。
　長良川本流のシラメ（ヤマメの仲間のアマゴの新子）のポイントや毎年尺ヤマメが釣れるポイント、そしてBさん秘蔵の川へ案内してもらいました。その川で人生初のヤマメを釣って大満足。ヤマメのポイントも理解できて、また、利賀川で真面目に練習していた事が他の川で通用すると分かって充実した岐阜釣行となりました。
　自分はコレだ！！と思えるものがあって、それによって色んな出会いがあって、互いに学びあえるものがあって、楽しく充実した時間をすごせる。富山に来てフライフィッシングをして、こういう良い出会いがあって人生は楽しいと思います。
　その後、私の仕事が忙しくなり2年間程釣りに行けない時期もあり、Bさんとは疎遠になってしまいましたが・・・。
　Bさん、相変わらず釣りまくってますか？
　私もおかげさまで普通にヤマメが釣れる様になりました。ありがとうございました。

🐾 鮎の友釣り

　私には心がけている事がひとつだけありまして、同じ釣りばかりしないように、おなじ魚ばかり釣らないようにしています。
　フライフィッシングというのは、一般的に高尚なイメージがあるらしく、またその当人たちも他の釣りをしている人を変な目で見ている、というか見下している、というかなんとも表現しづらいところなんですが。結局どんな釣りでも目的は「魚を捕まえること」で、それをしている当人や周りの人が差別化する必要などないと思っています。そこにこの面白いフライフィッシングがいまいち世間に浸透していかない理由があり、皆が釣りから離れていってしまう原因になっているのではないか。
　そしてフライフィッシングと鮎の友釣りの共通点として、平均年齢が高い。道具が信じられないほど高い。当人のプライドがもの凄く高い。あまりいいことじゃありません。
　だから私のように、バーゲン品の安い竿を持って暑い季節にはＴシャツ短パンビーサンで川にジャブジャブ入って釣ってしまうと、周りにいるカタログから出て来た様なファッションの人や、オレの釣りは他とは違う、特別なんだと勘違いしているおバカさんたちが腹を立てる。そして何もしていない私は怒られる。
　釣っている姿を見て、面白そうだなとか、一度やってみたいなと純粋に思う人には、とにかくやってみてもらいたいと思います。その人が何も持っていなければその場で貸してあげればいいし、もしそこで釣れたりしたら一人仲間がふえるし、その人が上手くなって困っている釣り人をみつけたら助けてあげて、そしてまた一人釣り人が増えて・・・。
　以前、釣れなくて参ってしまっている親子に教えたことがありますが、釣りに来て釣れないのはすごくつらいだろうし、家に帰るときのしんどさはたまらないものがあるだろうと思い、道具を貸していろいろと手を貸して、その親子はやっとイワナを釣り上げた、そのときのうれしそうな顔は今でも覚えています。

出来る人はプライドなんていう垣根をなくしてどんどん教えてあげて欲しい。その時に格好良くしすぎないように注意してください。初めての人はそれを見ただけでひるんでしまいます。
　とにかくいろんな釣りをしてみて何か気がつく事が、技術や格好のみではない、フライフィッシング上達の鍵になると思っています。
　そこで私は今、フライフィッシングとは全然違う（と思っている）鮎の友釣りにチャレンジしています。
　食べるための釣りであり塩焼きにビールなんてほんとに美味しいし、友達にプレゼントしても喜ばれるし、魚を釣るために魚を使う日本のオンリーワンの釣りです。
　鮎という魚が不思議だなと思うのは、小さいうちは動物食で大きくなると菜食主義者（？）になってしまうところ。そうかと思うと流れてきた鮎の毛ばりに食いついてしまったり、いったいどうなっているんだろうと思います。
　まあ、とにかく一回やってみるかとあまり考えずにはじめました。
　チャレンジするにあたって最低限の道具を揃えないといけないので釣具屋にいくと、竿一本安くても５万円。高い竿は軽く１０万円超えてます。端っこにあった初心者用清流雑魚つり用の６ｍの竿５千円を買って、タモ網はちびっこコーナーにあった５００円の柄の長いもの、夏休みに子供が手に持っているようなものです。あと掛けバリを一袋。おとりに使う「鮎ルアー」というものを一個。買った道具はこれだけで、その他の道具は今あるもので間に合わせるつもりです。
　「その道具じゃ釣れないよ。」
　みんなに言われましたが本当にそうなのか、ほんとにダメなら友釣りが始まった江戸時代の人はどうやって掛けてたのか？
　もともと、おとりの鮎はウグイを使っていたらしいし、木を魚の形に削って使っている人もいたそうだし、ナイロンのテグスなんてなかったし、ましてや１０ｍのカーボンロッドなんてあるわけがなく竹の延べ竿で掛けていたはず。
　ここに私のチャレンジがあります。

仕掛けを作って遊漁券を買って小矢部川の中流域に出かけました。
　暑いのでＴシャツと短パンで、川にはすでにバチっときめた鮎師がたくさんいて夏の風景になっています。竿に仕掛けをつけて始めてみるも釣れる訳がありません。実際にやってみるのは今日が初めてなので。隣の人が変な目でこっちを見ているし対岸にいた爺さんは
　「おーい、あんちゃん釣れるかー！ヨッシャ来た！」
　そんなでかい声出さなくても聞こえるよ。それにさっきまで日陰で寝てたのに急に張り切っちゃって、なにかイヤーな感じでした。初めてイワナ釣りに来た人もこういう風に感じるのかなと思いながら。それでも何か気がつくこともあるだろうと周りを気にせずに何日も通いました。
　はじめてから一ヶ月程たって、相変わらず釣れない友釣りをしていると、一人の人が話しかけてきました。顔は日に焼けて真っ赤で他の鮎師とちょっと違う格好をしていて竿を地面に突きたててちょっと怖い感じの、まるで赤鬼みたいな人。私が鮎ルアーで釣ろうとしているのを見て興味を持ったらしく話しかけてくれました。
　話を聞いていて判ったのが、この人もフライフィッシングをする人で友釣りは暇つぶしで、そしてフライフィッシングが日本に紹介されたときからずっとやっている大ベテランでした。利賀川のこともよくご存知でちょっと前の川の様子やイワナの話を聞かせてくれました。富山にフライフィッシングを広めたい、という願望があることも聞くことが出来ました。さらにこの人の交友関係が凄かった。私が本や雑誌でしか知らない有名人の名前がぽんぽん出てくる。
　「○○と釣りに行ってさ、良く釣れたんだ。ブラウントラウトが。それでこの川のことは秘密だぞ。ブログに載せんなよって言ったのに、次の日みたらもうアップされててよわったよ。」
　「今日、友釣り教えるんで一人連れてきたんだけど、いま対岸で釣ってるあの人。ほら、知ってるかな。スペイキャストで有名な△△さん。」など、またしても凄い人に出会ってしまった。
　友釣りのレッスンもしてもらいました。
　まずそんな訳で私は安い道具を持っていることを言うと

「それで十分！オレなんか４０万の竿を買ったけど自分はバカじゃないかって本気で思ったよ。こんな高い竿いらないから。５千円の竿で十分釣りになるから大丈夫。」

といってその竿で釣って見せてくれました。

友釣りをする上で知っておかなければいけない鮎の性質や、初めてでも釣りやすいポイントの選び方。時間は夕方、浅くてもいいから早い流れをねらうこと。竿でルアーを前後に動かすこと。掛かっても合わせずに竿を持っていかれるまで待つこと等を教えてもらいました。

言われた通りにしてみると、今まで微動だにしなかった竿先がクンクンツンツンと動いて、次の瞬間竿が弓なりに曲がって心臓バクバク。

「釣りキチ三平に出てた場面と全く同じだ！」

夢中で寄せて子供用のタモにいれて、ようやく一匹釣れました。

掛けバリが背中に掛かっていて、黄色の斑点があって、くちが白くて、他の魚と違っていい香りがする「鮎ってこんな魚なのか」と思いずっと見ていました。

さてそれからは釣れまくって、となると思っていたけれどやっぱり釣れないのは同じでチャレンジした年は５匹のみの釣果に終わりました。

赤鬼先生は立派な釣果だと言ってくれました。もちろん美味しくいただきました。

次の年は０匹。ベテランに聞くと鮎の遡上が本当に少ない年だったそうです。

そして３年目の今年は５匹以上釣ることを目標にしています。

さらに次はこの経験を生かして、鮎を食っている大物渓流魚を釣りたいと思っていますが、果たしてどうなることやら私にもわかりません。

しかしそのためにも友釣りは続けていこうと思います。

フライフィッシングの方では教えることもありますが、教えてもらって出来たときの喜びを思い出しました。

皆さんも、いろんな釣りにチャレンジしてみてください。きっといい事がたくさんあります。

🐾 近所の川を再発見

　この話をはじめて聞いたとき本当に驚きました。
　私の家の裏には川が流れています。本当にすぐそば。その川に隣の県から来た車が止まっているのは私も近所の人もよく見ていました。山菜の季節にはまさにそれを取りに来ているみたいですが、夏になっても見かけることがありました。
　「山菜も終わったのに、何しに来てる人だろう。」
　近所の人も「おい、また来てるぞ。」とちょっと迷惑そうな顔をしてます。
　ある日の夕方のこと。利賀川に釣りに行こうと出かけようとするとまたしても車があって、そばでフライロッドを持った人が釣りの準備をしているのを見て
　「毛ばりでなんか釣れるのか？わざわざ石川からこの時間に来ているって事はもしかして？」思わず声を掛けました。
　怖い人たちがかけるようなサングラスをして髪をキチッとセットして背の高い痩せ型の、矢沢永吉を聴いていそうな人。（ファンの皆様すみません。）
　私　「こんにちは、ここでなんか釣れるんですか？」
　男　（私の頭のはるか上から見下ろしてサングラス超しに睨みつけるようにこっちを見て）「ヤマメ。」
　私　「え！！ヤマメですか！！いるんですか！！いや、だってこの川、家の裏で・・・、ヤマメがいるんですか！！」
　男　（思わず笑って）「いっぱいいるぞ、知らなかったのか、俺の仲間もときどき来てるよ、他で釣れない時とかにさ。」
　私　「何回かやってみたけど、ウグイしか釣れなくて。」
　男　「ほら、この写真みんなこの川で釣れたヤマメ。大きさは・・・。このネットに入れて撮ってるから・・・。だいたい２４センチぐらいかな。結構いい型だろ。ポイントはこんなところ。毛ばりはこんなもんで。堰堤から上はあんまりいないしここから下流にもいないけど、ここにはいっぱ

いいるぞ。」

　私　「うーん、この写真って家の裏だよ・・・。」

　私のリアクションを聞いてゲラゲラ笑ってました。

　男　「ここでヤマメが釣れるのは仲間内だけの秘密だから。そうだ、近所だったらさ、階段つけといてよ。川に下りるの結構たいへんでさ。」

　ビックリしすぎて名前を聞くのも忘れていました。

　今までヤマメを釣るために岐阜にまで遠征していたし、ガソリン代や高速代もかかるし、その土地ならではの名物料理はけっこう高い。そしてさらに釣れたり釣れなかったりで疲れ倍増。

　当時スーパーマーケットの魚屋の仕事をしていて出勤時間も早かったので、釣れない休み明けの仕事が辛い辛い。今までなんだったのだろうかと思いました。灯台下暗しとはこのことでまさか裏の川にヤマメがいるとは。もし本当にヤマメがいてあの人たちみたいにヤマメ釣りをここで楽しめるのなら、日が暮れるギリギリまで帰りの時間を気にせずに釣りが出来る。しかも家から3分！

自宅近くの打尾川

とにかくやってみるしかない。その時から、ご近所再発見の旅（？）に出ることにしました。しばらく利賀川に行くのはやめ。といいますか釣果が出るまで利賀川に行くのはやめ。

まず裏の川へ出発準備。玄関で身支度を整えて、竿に糸を通して毛ばりを結んで、タバコに火をつけてプラプラ歩いて、吸い終わる前にはポイント到着。

「うーん、近い、近すぎる。」本当にいるのだろうか？まだ心の中では疑っていました。あらためて川をよーく見ていると、確かにヤマメが付きそうな速い流れはある。そしてその速い流れの中に沈んだ岩がポツポツと見える。「うーん確かにポイントはあるけど今までウグイしか釣れなかったしなー、みんなウグイの川だと言ってたしな。」

まだまだ心の中では疑っていました。そして川通しに歩ける範囲を歩いて目で確認してみました。流れの幅は広くて3m。水深は股下で深い方。砂で埋まっているところも多いけれど強い流れの中に沈んだ岩がたくさんあって岩の隙間が砂で埋まっているということはない。

適当な間隔で木陰があってヤマメが付きそうな日かげ兼餌の供給源が

打尾川のヤマメ

あって、川全体を落葉樹が覆っていて直接日差しは射さない。飛んでいる虫をフライングキャッチして食べるトンボやセキレイなどのフィールドサインもある。

「うーん、確かにはじめて釣ったヤマメのポイントに似ているけどウグイしか釣ったことないしな。」

まだまだまだ心の中では疑っていました。そして竿を振るまでにいろいろ考えました。

今まではイワナ釣り専門で狙うポイントもイワナ向きのゆるい流ればかりに目がいって、それでウグイしか掛からなかったのかもしれないし、この速い流れに毛ばりを流せばなにかヤマメの反応があるかもしれない。

結んできた毛ばりを飛んでいる虫の大きさに合わせて結び変え、ポイントから少し離れて、しゃがんで毛ばりを投げる。流れに乗った毛ばりの下で銀色の魚体がギラッと反転し水面が盛り上がった。

「あれ、本当にいるぞ。」

「毛ばりに出る感じはヤマメだ、釣りたいな。」

釣るためにはまず観察しなくちゃと思い、竿を脇に置いて川石をひっくり返して川虫の種類を調べてみるとオニチョロが少しいて、ヒラタカゲロウの幼虫が結構いる。

手持ちの毛ばりにそれがないので

「巻かなくっちゃ！」と、近くの我が家に引き返し、取ってきたヒラタカゲロウの幼虫を見本に毛ばりを２本巻いて、近所の川に速攻で引き返す。近いのでそんなに急ぐ必要もないのだけれど。

たった今巻いてきたカゲロウの幼虫に似せた毛ばりを二つ結んで、魚体がギラッと反転したポイントに流してみると、また同じところで魚が反応して、合わせを入れるとグン！と強い引きを感じました。強い流れに逃げ込もうとするヤマメ特有のファイトが竿を通して伝わってきました。慎重にネットに入れて取り込み完了。

確かにヤマメでした。そしてここは家の裏の川、家まで歩いて３分、この瞬間にホームリバーがみつかりました。

あとは鮎の友釣りが出来る近所の川を見つけるだけ。

🐾 毛ばりについていろんな発見

　フライフィッシングの楽しみの中に「フライタイイング」毛ばりを巻くことがあります。
　魚を釣ってその魚が釣られる直前に食べていたものを調べるために、生かしたまま「ストマックポンプ」という道具で吸出し、出てきた虫に似た毛ばりを巻く、そうして自分で巻いた毛ばりで魚が釣れて、釣れた魚の胃の中身を調べると毛ばりとほとんど同じ大きさで同じ形の虫が出てくる。学校のテストの答え合わせをしているような感覚です。
　学校の答え合わせは全然面白くないけれど、釣りの答え合わせはそこからいろんなことがわかって本当に面白いものです。
　その川のその魚を釣った場所の、餌となる虫の種類や状態（幼虫か成虫か脱皮の途中か）が分かったり、川岸にいるアリや小さな甲虫や小さな毛虫などが食べられている時は、水中に餌が流れていても（魚が食べる気がなくて）たまたま流されてきたアリや小さな虫をひとつ残らず食っている様子も分かります。また魚がスレてくると同じものしか食べなくなる（偏食）傾向になり、昔釣ったニジマスの胃から出てきたのは大型のカゲロウが脱皮したあとの抜け殻ばかり、水面には１５ミリほどもあるマダラカゲロウの成虫が上流からどんどん流れてきて、人間から見てもそっちの方がボリュームもあって栄養もありそうなのに、その５０センチのニジマスはそれを食べずに水中を流されてくる抜け殻ばかりを食べている、そういう不思議な事にも気が付くことが出来ます。
　魚を釣って食べているものを確かめて、似せた毛ばりを巻いてみて、それを使って魚を釣って・・・。これを繰り返していると確実にフライフィッシングが上手くなります。それではどうしたら巻けるようになるのか？
　これは字で書いて教えることは難しいと私は思います。そういった道具を売っているお店の人に教えてもらうか、近所にそんな人がいれば教えてもらう、そして自分で実際に何回も巻いてみるのが一番確実です。
　わたしもそんな風に覚えてきましたが、もちろん初めからお手本通りに

作れるわけがなく出来上がった形が全然お手本と違っていたり、浮かべるつもりで作った毛ばりが思いっきり沈んでしまったり。でもガッカリしなくても大丈夫です、そんな失敗作でも釣れる時は釣れます。餌となる虫は流されているとき「パニック状態」で、流れにもまれて人間が見慣れている格好ではなく「グシャグシャ」な状態で流れて、食べる魚から見てもその状態が「普通」です。変な形の方が自然かもしれないので失敗に懲りずにどんどん巻いてどんどん使ってみてほしいなと思います。もし失敗作だと思っていた毛ばりで魚が釣れた、その時はぜひ魚の写真と毛ばりをセットにして部屋に飾りましょう。時間がたってもその思い出はあなたにとっていい宝物になります。お手本と違っていてもいつも釣りにいく川では凄くよく釣れる「オリジナルパターン」が出来る可能性もあります。

　私にも、家の裏の川では本当に良く釣れるオリジナルパターンがひとつ

我が家の猫（マルコ　♂）

あります。「ネコフライ」。家のネコ（ハナ♀＆マルコ♂）をブラッシングした後に出るフワフワした毛を針に巻きつけて、いつも農作業している田んぼに落ちているアイガモやカラスの羽根を針の先端に一回転巻きつけて作る毛ばり。釣り場が近所だし材料も身近にあるもののほうが相性がいいんじゃないかという、いい加減な思いつきで作ってみた毛ばり。

　お手本は「グレーニンフ（灰色の幼虫）」という毛ばりで歴史的にも凄いものです。これが世の中に出るまでは水生昆虫の幼虫を模倣した毛ばりはありませんでした。フライフィッシングの誕生から４００年程たった１９世紀後半にＧ・Ｅ・Ｍ・スキューズという人が「魚が食べている餌のほとんどは水中を流れている水生昆虫の幼虫だ」ということを研究してつきとめ、そこで考え出されたのが「グレーニンフ」で、グリズリーという白と黒の縞々模様の鶏の羽根とマスクラットという名前のネズミの毛を使って作る毛ばりでこの世に初めて生まれた沈めて使う毛ばり。

　虫にそっくりという事もなく色合いもぼんやりとした感じ。そこがこの毛ばりの強みで大きささえ合わせておけばだいたいの魚が釣れる、または魚が反応してそこに魚がいることがわかる大変便利な毛ばりです。考え方は日本に昔からあるテンカラ釣りの毛ばりに似ています。テンカラの毛ばりもなにか特定の虫に似せて作っているわけではないし、また鮎の毛ばりも虫には見えない（と私は思う）。きっと世界中どこでも同じようなことを考える人がいるということの証拠で、私が川に持っていく毛ばりのほとんどはこのような「ぼんやりした感じの、魚から見たらおいしそうな餌のようなもの」がほとんどです。

　それじゃ巻いてみるかと思いましたが、手元にある材料にマスクラットなんてものはない。ネットで買ってもすぐに届かない、すぐに巻けない。買いに行ってみても田舎の釣具屋にそれが置いてあるわけがない。買えないのなら代用品を探すしかないと、身の回りにある田んぼや畑や山の中など鳥や動物がいそうな場所に探しにいきました。

　農作業をしている田んぼは無農薬で作っていまして、そこにアイガモが来ることを思い出してそこに行ってみるとありました、カモの羽根や毛が思ったよりもたくさん落ちている。そして次はマスクラットの代用品を探

しにあちこち行きましたがさすがにこれはない。その日はあきらめてカモの羽根と毛だけを家に帰り、ネコと遊んでいました。ネコの頭や背中を撫でていると手に毛がくっ付いてくるのをみて「あ、ここにあった！」ブラッシングをしてみると色合いもそっくりで使えそう、ネコも喜んでるし一石二鳥。さっそく巻いてみると、お手本そっくりな「ネコフライ＝グレーニンフもどき」が簡単に出来ました。そしてすぐに裏の川へ。なにしろ3分で行けるので巻いた毛ばりを試すには本当に便利（いいところに住むことが出来てよかった。）釣れました。あっさりと。もう材料買いに遠くまで行かなくてもいいし、遠くまで行かなくていいということは釣りをする時間が長くなるということでいい事だらけです。調子に乗って他の材料も落ちてないかなと探し続けていますが、結構あります落ちてます。いや、田舎って本当にいいところだ。あと忘れちゃいけないのは、そうしてネコの毛で釣れた時にはご褒美をあげること。いつものご飯の上に鰹節をたっぷりふりかけてあげると喜んで食べてくれます。

　考えてみれば、昔は世界中どこでもそういう材料を売っている店などなくほとんど全部の毛ばりは身の回りのものを利用して作られていたのだろうし、私もそこに気がついてようやく「普段の生活の中にある当たり前の釣り」を自然な形で楽しめるようになりました。

我が家の猫（ハナ ♀）

🐾 昔は良かったで終わらせないために

　こうしてホームリバーも見つかり身近にある材料で作れる毛ばりも出来て、ほっと一息ついたところで、私が今までずっと思っていたこと。
　それは「魚釣りに必要なのは、魚」ということ。
　私はたまに人を案内しながら釣りをすることがありますが、そんな時聞いてみることにしています。「魚釣りに必要なのはなんでしょう？」と、たいていの答えは「釣竿」とか「針」とか「自然を愛する心」だとか「放流すること」などの答えが返ってきます。
　はい、全員はずれ！
　魚がいないところで糸をたらして何がおもしろいんでしょうか。
　魚が掛かって竿にプルプルとかゴンゴンとか感触が伝わってきて糸が一気にビューンと魚にもっていかれて、心臓がドキドキして、どんな魚が掛かったのかワクワクして、うまく取り込めるように竿を操作して手元に寄ってきてネットに入れることが出来てヤッター！つれたー！となる。
　こういった釣りを楽しむために必要なのはまず魚がいることです。
「昔はこんな魚どこにでもいたのにねー。」
「オレが子供のときは家の前でこんなイワナが山ほど取れた。」
　いまどこへ行っても聞こえてくるセリフですが、では何故そうではなくなってしまったのか？
　魚が自然な状態で再生産できないほど取り尽くしてしまったからです。釣りに行くとよく見る光景ですが、クーラーいっぱいにちっこいイワナがギッチリ詰まっていて、詰め込みすぎてイワナの色が変わってしまっているとか、また別の日には
「先週ここで３０匹も釣れてサー。で今日も来てみたんだけどダメだな。」
「その魚どうしたんですか？」
「全部持って帰ったよ、食べ切れなくて困った。」
　・・・取りすぎです。
　もっと具体的に説明をすると、放流がある有名な川に渓流魚の解禁期間

3月から9月までの週末の土曜日・日曜日に釣り人が一日あたり40人来るとします。日数は約56日、それぞれが食べるために一日に一人当たり5匹持って帰ると11200匹の魚が川からいなくなる。またすいてる平日に釣りに来る人が15人いるとして、日数は約140日、5匹持ち帰りで10500匹、合計21700匹、漁協が放流するのとほぼ同じ数の渓流魚が川から消えていなくなる。

　問題ないと思う人もいるだろうと思いますが、渓流魚が釣って面白いくらいに大きくなるのに（餌となる水生昆虫や陸生昆虫が特別に多い川を除いて）3〜4年くらいはかかるものです。

　大きくなる前の、産卵に参加しない小さな渓流魚を取り尽くしてしまったら、いずれ成熟して産卵をする渓流魚が一匹も川からいなくなってしまう。いなくなったのでまた解禁日になったら放流する、これでは、穴を掘って作った釣堀と同じ、自然渓流で釣る醍醐味が全くなく、ひとつも面白くない。

　それを実際にやってしまったのが昭和40年代の高度経済成長の時代だと思うのですが、道が整備されて秘境といわれるところにも簡単に行けるようになりみんながレジャーに出かけ渓流魚が住む環境（餌の供給源である森、森の貯水作用による安定した水温と水量）を壊してしまった。

　それまで地元の人たちが、これもわしらの大事な財産だからという思いから必要以上に取り過ぎないように、また来年もたくさん取れるようにとそっとしておいた魚を、何も考えていなかった旅行者たちが取り尽くしてしまったこと。

　それによってかけがえのない自然の一部だった、生態系の中で大事な役割を持っていた川の魚を「駆除」してしまった。

　まるで害虫や害獣のように。

　今は内水面漁協や無名の有志たちが放流をしないと魚がいない、釣りが出来ない川が全国にたくさんあるんじゃないかと。とくに地元の人の生活に密着した近所の川にはまるで魚がいないんじゃないかと思います。

　「昔はこんな魚どこにでもいたのにねー。」

　「オレが子供のときは家の前でこんなイワナが山ほど取れた。」

今となってはもうどうにもならないかもしれませんが、もしひとりひとりが、いつまでも釣りがしたいから、釣った魚はもう一度川に放そうと思ってくれたら、もしかしたら
「こんな魚どこにでもいるよ。」
「昨日家の前でこんなイワナが山ほど取れた。」
となるかもしれません。

私もいつまでもフライフィッシングがしたいから、釣った魚は胃の中を調べたら川に放します。来年もたくさん釣れるように。山菜やきのこと同じです。私が人を案内するときにもこの話を聞いてもらって放してもらうようにお願いをしています。来年もたくさん釣れるように魚を川に放してくださいと。

何百年も前のフライフィッシングが始まったばかりのイギリスでは、このペースで魚を取り続けたら全くいなくなってしまうから、産卵時期は禁漁にしないといけないとなったそうだし、現代のスコットランドの鮭釣りでは2匹目4匹目など偶数の魚しか持って帰ってはいけないというルールがあるそうです。

またニュージーランドのトンガリロリバーというところでは湖から遡上する60センチにもなる巨大なニジマスが釣りすぎて減ってしまったため、釣り禁止にするのではなく小さな針しか使えないルールを作り、人間ではなく魚にアドバンテージをもたせて、それでも釣りたい人はどうぞ釣ってくださいということで、魚の減少をくいとめたそうです。

いつの時代も世界中で同じことが問題になって、釣り続けたいからなんとかしなくっちゃと思う人がいて、解決策を見つけてそれを実行し魚が減らないようにしてきた。共通しているのはやはり「魚釣りに必要なのは、何よりも魚」ということだと私は思います。

話が大きくなりすぎたかなと思いますが、例えば我が家の裏の川のヤマメも、釣っては放しを繰り返していれば、毛ばりに対してスレてきて、今まで釣れていた毛ばりでは釣れなくなってきて、そして釣り人が新たな作戦と新たな毛ばりを考えて釣って、またスレてきて釣れなくなって。

そうやって人間がかまう事で川に魚が残って産卵をして魚が増えていっ

て本当に素晴らしい地元の小さな川になるんだと思います。そして釣り人も腕を上げ、自然を見る目も確かなものになり、人も魚も自然も良い環境で生き続けることが出来る。針に引っ掛けられる魚はかなり痛いとは思いますが・・・。

　私が住んでる南砺市周辺には、よく探してみれば良い環境がまだ残っていて、「イワナならそこの川にいるよ」とか「あの沢にはよく行くんだ、あそこたくさんいるんだよ。小さいけどね。」とか「このまえのイザライの時にさー、水をとめて作業してたら用水にこんなでかいイワナがいてさ。どうすっかってみんなで相談して捕まえずに逃がした。」そんな話がたくさん聞こえてきます。このあたりの川は本当に豊かだと思います。いい意味で皆さんがそっとしておいてくれている、釣り場で喧嘩している釣り人を見たこともありません。

　私のホームリバーもその内のひとつです。そしてまだ知らない良い釣り場があるかもしれないのでこれからもずっと、近所の釣り場探しを続けていこうかと思っています。

　「昔は良かった」と言わなくてもいいように。

利賀川のチビヤマメ

😺 暑い季節の毛ばり釣り

　富山県の南砺市は6月下旬になると梅雨に入り、この季節から北陸独特の蒸し暑い季節になります。これからねむの木に花がつき梅雨が明けるまで渓流釣りもちょっとつらい季節に入りますが、渓流魚はこの季節どうしているか。魚はもちろん水の中にいますので梅雨は関係ありませんが渓流魚の餌が変わります。ホームリバーで観察してみると胃の中に入っているものはカゲロウの脱皮殻、アリ、陸生昆虫の小さいものなど、毛ばりの大きさでいうととても小さい物ばかり、となると糸も細くなりなかなか釣りにくい状況になってしまいます。

　イワナは比較的流れの緩いところに付きますので小さな毛ばりを流してもなんとか見えますが、ヤマメの場合は速い流れの真ん中に付きますので毛ばりを小さくするとほとんど見えなくなってしまいます。そのために狙ったところに毛ばりを落とし流す技術が必要になります。もしこの季節から釣りを始めた人がいるとしたら、蒸し暑くて毛ばりは小さく糸は細くなかなか釣れなくて、さらに虫に刺されるしこれで雨が降ってきたらもう止めたくなるでしょう。この季節の毛ばり釣りはかなりしんどいと私は思っています。

　釣り人もつらいけど渓流魚にしても、4月5月の大型カゲロウの羽化シーズンは餌もいっぱい流れてくるし、冬を越して腹をすかした魚にとってはとてもよい季節ですが、終わってしまうと流れてくる餌のほとんどは川沿いの木や草から落ちてくる陸生昆虫になって数も少なくなってしまいます。渓流魚は流れが細く絞られたところに移動して効率よく餌を食べます。大きな魚がいいところを取りますが小さい魚はあまり餌が流れてこない所に追いやられてしまいます。梅雨時期の魚の胃の中もアリしか食っていないとか、抜け殻ばかりとか、偏食をするようになると思っています。毛ばりを変えたとたんに釣れ出したということがよくあるのもこの季節の特徴です。

　偏食している魚を釣るために何を食べているのかを調べないといけない

ので、とにかく一匹を釣りたい、そんな時にはパイロットフライを使います。パイロットフライというのは、これなら釣れるという確信がもてる毛ばりの事で、大きさの違うものを持っていって、まずそれを流してみる。魚がいれば反応があります。

釣れるかもしれないし、釣れなくてもそのポイントに釣れるまで毛ばりを変えて流してみる。

一匹を手にしたら胃の中を調べて魚は流れに放してそれに似ている毛ばりを使っていけばその日は満足できるはず。

私の場合はすこし違って、魔法の毛ばり（グリフィスナット）だけを一日中使います。

なんの虫にも似ていない毛ばりですがそれがこの季節には効果的だと思っています。

もうひとつの方法は、毛ばりで釣るのを止めてルアーでその日最初の一匹を釣ってしまう、魚を手に出来ればなにを食べているのかわかりますし、どこにいたのかもわかります。そうして毛ばり釣りに戻せばいい。

まあー、どれをとっても、釣りづらい事には変わりありませんが。

どうしてもイワナやヤマメが釣りたいと思う方にはこんな方法がありますが、そこまで頑張らなくても暑い季節はブラックバスが面白い。今はどこにでもいます。近所の農業用のため池や流れのゆるい用水路やダム湖などがあればまず釣れます。

ルアーで釣るのが一般的であり尚且つ大きなサイズも狙えますが、フライフィッシングでも釣りやすい魚です。なぜかと言うとブラックバスは他の魚と比べて、ルアーやフライに積極的にアタックしてくる性格をもっていますので、イワナやヤマメを釣る毛ばりよりかなり大きいサイズを使うことが出来る。初めての人でも投げた毛ばりを見失うことが少なく、その毛ばりを引っ張ってくることで動かして魚を誘いますので当たりが直接手元に伝わってきてとてもわかりやすい。また水面や水面直下を狙いますのでブラックバスが毛ばりに食いつく瞬間が見えて、さらに掛かった後は派手にジャンプをします。もうこれは理屈ぬきに楽しい。

使う毛ばりも「これで釣れるの？」と思ってしまうような変なもので大

丈夫です。私はアマガエルやバッタに似せて作ったものを使っています。

　どこを狙うのかといえば、ブラックバスが身を隠せるような障害物の周りで、このような障害物は案外岸の近くにありますので、遠くに毛ばりを投げられなくてもいい訳です。あまり水際に、ポイントに近寄らずに、出来るだけ静かにポイントに毛ばりを投げて手元の糸をスースーと引いてくる、または障害物の周りにポチャ！っと毛ばりを落として後はそのままにしておいて時々毛ばりをブルブルっとふるわせればガバッ！という感じで食ってきます。

　日差しの強い日は水面に木が張り出して日陰になっているようなところがいいポイントになります。さすがに日中は魚にしても暑いようで日陰をそっと覗いてみると何匹かでかたまってじっとしているのが見えます。またそのような日陰は木から虫が落ちてくる餌場にもなっていますので、そこに毛ばりをポトッと落としてそのままにしておくだけで釣れてしまいます。

　またブラックバスというのは以外に食べてもおいしい。もちろん淡水魚なので火を通してですが、水の綺麗な上流域のダム湖などで釣れたブラックバスは、皮を取ってしまえば臭みもなくフライやから揚げにすると美味しいものです。コツは下味をつけて冷蔵庫に一日ねかせておく。そうすると旨みも増してきます。もともと日本に食用魚として入ってきたということがよくわかると思います。

　ルアーで釣るような大型のブラックバスはあまり掛かりませんが２５センチぐらいでも引きも強く釣っていて面白い。この時期なかなか釣りにくいイワナやヤマメを釣りにいって「暑いし釣れないし虫にさされるし」とストレスを貯めてしまうよりも、普段着で近所のブラックバスを釣る、おすすめです。

　またブラックバスが釣れる場所にはたいてい鯉がいますので、それを釣るのもこの季節ならでは。鯉を釣る魅力はその大きさと、海から上ってくる鮭にも負けない引きの強さ、そしてこちらも食べて美味しい魚。

　鯉はだいたい五月が産卵時期でその一ヶ月間は禁漁になりますが、解禁になり水が温かくなってくると、ため池やダム湖などでは５匹ほどの群れ

で移動しながら水面に浮いている虫を食べ始めます。水面から口だけ出して浮かんでいる虫のようなものを吸い込むようにして食べます。渓流でイワナやヤマメを浮かべた毛ばりで釣る感覚に似ていますので、始めやすいと思います。

　水面でパクパクやっている鯉を見つけたら、その進行方向の先に毛ばりを投げて浮かべておくだけ。毛ばりを見つけてもらうために少しブルブルとふるわせて鯉を誘うのも効果的です。口だけを水面に出してスッと毛ばりを吸い込んだのを確認してから合わせると、凄いパワーで一気に走り始めます。ここがとても面白いところ。

　大きい鯉が掛かった場合、針の軸が伸びたり折られたりすることもありますので、ゆっくり時間をかけて手元に寄せてきます。初めて鯉を釣ったならきっとクタクタに疲れると思います。それぐらい凄い魚です。食べる場合は生かしたまま魚屋さんに持っていけば調理してくれます。

　イワナ、ヤマメ、ニジマスなどは冷たい水を好み、日差しの強いこの季節は朝と夕方が釣りやすい時間になりますが、鯉やブラックバスは日が高い日中水が温かくなると活発に餌を食べ始めますので、一日釣りが楽しめます。南砺市周辺のため池のほどんどに鯉とブラックバスはいます。暑い季節の暇つぶしにはいちばんお手軽で面白い釣りです。あまり渓流魚にこだわらずに楽しんだほうがストレスもなくいい気晴らしになります。気軽に、普段着で楽しんでください。

🐾 ケとハレ

　ハレの日、ケの日という言葉をご存知でしょうか。
　ハレの日とは、人生の節目または区切りであって、誕生や結婚や出産やいろんな祝い事、また普段とは違う日と見ると葬式などもハレの日になるのではないかと思います。
　ケの日とは、普段の生活の日々、「ケ」とは古代の日本語で「日々」という意味があるそうでまさしく「普段の生活の日々」ということになります。
　毎日生活をしていると、「最近何か上手くいかないことが多いなー」とか「最近なんか体調がよくない」とか（私の場合ですが）「最近なんか釣れないなー」とか、いろいろ不調になってきます。これが「ケ枯れ＝穢れ」ケガレということで、昔の人はそこで日々の生活（ケ）の汚れを落とし体を清め（禊：みそぎ）、毎日続いていた日常を一度〆て（ケジメ）、普段は着ない綺麗な服（晴れ着）を着てご馳走をいただいて（ハレの食）晴れがましい一日を過ごす、すなわち「ハレの日」をむかえます。
　そしてなにより大事なのは、また無事に「ケの日」を過ごせるようにするため区切りとしての「ハレの日」であること。
　私にとって釣りは、「ケの日」にあるもので、例えば私の好きなまんが『釣りキチ三平』には「ケの日の釣り」を描いた物語も多くあります。もちろん有名な釣り場にいって「ハレの日の釣り」をすることもありますが、自分にとって一番大事なのは、農作業を終えて日が暮れるまでの間、近くの川に行き毛ばりを流し一匹を釣る、そんな釣りです。
　そんな「ケの日の釣りの日々」が何より大切なものだと思っています。遠くの有名な釣り場にお金と時間をかけて行くのではなく、自分の生活圏内つまり地元での毎日の生活のリズムに組み込まれている、何気ない釣り。これこそ、田舎に暮らす醍醐味であって、都会から越してきた私にとってはとても大切な「ケの日」です。
　誰でもどこに住んでいても「ケの日の釣り」は出来ることだと思います。

海が近ければ海釣り、山の中なら渓流釣り、田んぼの用水でもヤマメがいたり、都会でも運河でスズキが釣れますし、ドブ川しかなくてもそこにしぶとく生きている鯉がいたり。（鯉は海から上ってくるサケにも負けないファイターです。）昼間釣りが出来なくても夜にはナマズという食べて美味しい魚もいる。少しだけ気にしていれば近所を見る目が変わっていき、当人の中で何かが変わっていく。何にも無いつまらない所だと思っていたけれどナンカ楽しいこともあるんだと気づくことができれば、それはとてもいい事です。

　また私のように、何かを求めて移住してしまうのもありだと思います。誰がどこに住んでもいい訳で、きっと移り住んだ土地の人とも（最終的に）うまくやっていけます。上手くいかなかったらもう一回チャレンジすればいいだけのこと。

　きっとご近所に、いままで気がつかなかった素晴らしいところが必ずあると思います。

集落の中山佳明さんと

🐾 もうひとつのホームリバー

　私は南砺市の小院瀬見で農作業をしていますが、この近くに小矢部川の支流があります。近所の人に聞いてみると「昔はイワナがよく取れた。」「子供の頃、よく連れて行ってもらった。」と。またしても昔は良かったという話かと思って聞き流していました。
　しばらくして、「昨日釣りをしている人を見た」という話が耳に入ってきて、これは確認しに行かないといけないと思い四月頃フライロッドを持って行きました。
　着いてみると周りの山が削られている採石場跡地の中を流れている小さな川で、水量は川の規模から見れば少々多めで、流れの中にちゃんと岩があって、瀬もあり淵もあり川に日陰をつくる木も生えている。流れの中に入って石裏を調べてみるとカゲロウの幼虫が結構いる。しかし川の傾斜が急で小さな堰堤ばかり、漁協が放流をしているという話もなさそうだし、これで残っていれば天然イワナだけれど、今までの経験からするとこういう川にはウグイしかいないことも多かったので、とりあえずプリンスニンフを結んで、ほとんど期待せずに小さなポイントを流していました。
　流し始めて一投目いきなり掛かった！とおもったらバラシ。
　引き具合からすると確かにイワナでしたが小さいらしく、毛ばりを咥えきれなかったらしい。小さなカゲロウのニンフに変えて、同じ場所を流すと今度は前のより大きめの当たりがあり、釣り上げてみると２２センチのイワナが釣れてしまいました。その日はここで終わりにしました。
　もしかしたら。
　あの川と同じで細かく堰堤で区切られた区間にイワナがギッチリ詰まっているのかも。毛ばりを入れてあるケースの中身を確かめて不足している小さめのパターンを巻き足して、あらためて川に行きました。仕事が終わった夕方に。
　この時期は普通、雪代が流れていて水はかなり冷たいはずだけれど、去年は雪がかなり少なく流れは初夏の頃の水量に落ち着いています。その流

れの上を大小の羽化をしたカゲロウが飛んでいて、それをトンボやセキレイが飛びながら捕まえている様子が賑やかで、流れの中の小さなポイントをよーくよーく観察しているとイワナが跳ねている。
　「ひょっとして、ひょっとしたら？」
　巻き足してきたカゲロウの幼虫パターンを、あまり沈めずにポイントに流し込むと、どこからでもイワナが上がってきました。毛ばりをカゲロウの成虫パターンに変えてポッカリ浮かべて流してもイワナが釣れる。今度は幼虫毛ばりに戻して上流に投げてチョンチョンと引っ張ってみるとこれまた簡単にイワナが掛かった。
　うーん、こういう川が近所にあったとは知らなかった。
　魚の大きさは２４センチぐらいで、おそらくこの川の餌の量が程よく多いためここまで成長しているし、胃の中を調べてもパンパンにカゲロウが詰まってる。口から食べたものがはみ出しているイワナも数匹釣れました。もしかしたら尺イワナもいるだろうと思いましたので、切り上げて家に帰り（近所なのでスーパーカブで１０分）大物用の毛ばりを巻くことにしました。
　大物用といっても極端に大きな毛ばりではなく、むしろ小さめに巻くもので、カゲロウが幼虫から成虫に羽化するどの状態の時に好んで大物が食べるか、釣れた大型のイワナの胃の中を調べながら見極めておくことが大事なところで、それを見本に毛ばりを巻きます。
　今日調べた結果は、羽化に失敗して水面直下（水面の裏側に張り付いてしまっている状態）を流されているカゲロウ。羽は流れにもまれてくしゃくしゃで胴体も曲がってしまっていて尻尾もあったりなかったり。
　それを真似て形を作り、水面直下を流れるように、水面の上から毛ばりに取り付けた目印だけが見えるようにして、魚からは毛ばりの本体しか見えないように巻いていきます。大きさも大中小３種類巻いておいて、後は釣りながら魚の反応を見て釣り場で加工していけばいい。
　日を改めて再調査。
　まず上から川全体をみてみると、この前釣った区間の上に大きな堰堤がありその下に大きな淵が出来ていて、そのすぐ下には小さな淵が３ケ所続

いていて、イワナが跳ねている。その跳ね方も水面の上のカゲロウを食っている派手なものではなく、やはり水面直下を流れているカゲロウを食っているのが上から見ていても分かりました。

　さらに上流に向かっていくと、木のトンネルによって出来た日陰の瀬が続いていて、ため池があり、さらに堰堤があり、ずっとポイントが続いている、一日じゃ釣りきれないほど。

　今日は、大きな堰堤を釣ることにしました。

　まず手前の小さな淵から、体を低くして手前から丁寧に流していくとどのポイントからも一発でイワナが掛かる。

　他の魚を脅えさせないようにすばやく静かに取り込んで生かし魚籠にいれていく、はじめてから３０分で小さな３箇所の淵で１０匹ぐらい。大きなイワナで２４センチ、小さい方で１５センチ、いちばん小さいのが１０センチ。こういうチビがいるのは本当にいい事で、この川でイワナが再生産されている証拠です。

小矢部川支流のホームリバー

一度生かし魚籠の小さなイワナを放して今度は堰堤直下の大きな淵へ。流れ出しのところで元気に跳ねているイワナを釣ってから少しずつ静かに進みながら釣っていって、堰堤の水が落ちている所まで来たところで、大きなイワナが掛かりました。

　レギュラーサイズだと合わせてすぐに手前に寄せることが出来ますが、こいつは掛かったところで踏ん張って深みに潜っていく。フライロッドも根元から曲がって面白い。取り込んでみるとネットに入るぎりぎりの大きさ、測ってみるとちょうど３０センチでした。

　よくよく眺めてみると、養殖の放流イワナのようにエラブタが未発達で赤いえらが見えていたりヒレが丸みを帯びていたりする事もなく、本当に天然イワナと言っていいほどの綺麗な魚体でした。

　この川からは魚を抜かずに釣ったら全部放していつまでも釣れるようにしておかないと。そう思いました。

　生息している環境も決していいものではなく、堰堤に区切られてイワナが移動できる距離はせいぜい５００ｍ。その中で産卵をして新子が生まれて成長して死んでゆく訳です。ここはキャッチアンドリリース区間にして、釣り方もフライフィッシングオンリーにしたほうがいいと思いますが、こういった考えを内水面漁業協同組合が理解してくれるのか、実行してくれるのか、魚釣りに必要なのは、魚と分かって欲しいところです。

　釣りをする人はみんな誰でも、まずは魚が釣りたいわけで、食べるということは釣ってから後のこと。まず魚が釣れないと話にならないわけです。

　職業としての釣りではないので上手い人も下手な人もいます。その誰もが釣れる環境は人間が気をつけて残していかないといけない。経済とか行政とかくだらないことのためにこの環境を潰してはいけない。

　「直し方のわからないものを、これ以上壊さないでください！」

　有名な言葉がありますが、この環境はとんでもない天才がもの凄いテクノロジーを使っても、人間には再現できないことはいままでの歴史の中で分かっていることだと思います。

　この川、第２のホームリバーが、いつまでも釣れ続ける川であることを願っています。

🐾 日常の風景

　私の住む富山県南砺市の太美山地区は、砺波平野の端っこにあります。小矢部川上流域にあり地図で見ると、そこはすでに山の中。
　私は2000年に東京からここへ引っ越してきましたが、その当時と今とでは変わったところもあります。
　過疎化が進んでいて、住んでいる集落には11世帯ありましたが今は5世帯。みんなここで生まれ、育ち、家族をもって暮らしていたけど
「やっぱり不便だ」
ということで町に家を建てここを出て行きました。山の暮らしがイヤになった、嫌いになったという事だと思います。そこに引っ越してきた私はどれだけ変わり者と思われていたのかと今更ながら思います。
　当時は地域おこしなどという概念もなく
「田舎で山の中で釣りで暮らしたい」
という思いだけで後先考えずに来てしまった私に、周りのみんなはただ戸惑うばかりだったはずです。
「あの家に越してきた人、どんな人？外人さん？」
　実際に私はブラジル人だと思われていたり何か悪いことをして逃げてきたと思われていたようですが、まず日本人であることや釣りがしたくて都会から越してきたことなどを話すと、みんな口を揃えて
「こんな何にも無い山によく来たねー」
と呆れ顔で言われました。
　そう言われて曖昧な返事をしてばかりでしたが、確かに不便かもしれないけど、お店も自動販売機も何もなくあるのはただ自然のみという住環境を手に入れたかったと言っても全く伝わらず。
「そうそう、いいよねー」
と共感してくれる人も少しはいましたが、そんな人に限ってショッピング大好きで、山に家はあるけど物にあふれた生活にあこがれていて、自然には目もくれず、出てくる話は、あれを買った、これを買った、お前も買っ

ておいた方がいいなど。もう聞いているだけでうんざりです。

その生活が好きなら私は富山にいませんよ。東京を出ようとは思いもしません。本当に伝わらないというのは辛いものです。

今はもう、そんなこともなくなり、私が東京出身だということも忘れられています。

ここに住んでいて当たり前の存在になることができました。

そして今わずかに残っている人たち、雪や虫も多くて大変だけれどもあまり町に行くこともなく自分の身近な所で暮らしている人たちは、静かで自然がいっぱい残っていて、そうであってもこれから住む人が増えていき、昔の活気ある暮らしが戻ってきて欲しいと思っているのではないかと想像します。

私のように田舎に移住する人たちは街のような賑やかさ求めていないし、お金も物もそこそこあればいい。暮らしていくのに最低限あればいい。それより自然の恵みを頂いて賢く豊かに暮らしていく。そういう知恵を求めます。

私の住む集落は記録にあるだけでも1千年も続いていて、近所では縄文土器も出てくる。それほど昔から人が暮らしていた。私もここに住めることだけで満足で本当にうれしく思います。またここには長い時間をかけて培った「自然とともに生きる叡智」があるはず。私はそれを見たいし、知りたいし、身につけたいと思っています。

田舎の日常生活に関わることで、地元の人がなんとも思わなくても、よそから来た人は新鮮で面白いオンリーワンの体験に興味があるんじゃないかなと。しかし現実はそんな昔から当たり前にあった生活の知恵や技術は途絶えてしまっていて、資料は残っているけれど出来る人がいない、もしくは年を取り過ぎていて体が動かない。また知っているし出来るけど面倒なのでやる気もおきない。やる意味もわからないという心の中の問題もありそうです。

昔を懐かしむ言葉を聞くこともあります。

太美山地区にある小矢部川の上流域は、昔すごい水量の川だったと聞きました。この橋の上から見える景色は今の小矢部川の上流域の様子。始め

てみる人はここが川だとは決して思わないでしょう。谷底にある緑地公園のようになっていますから。

　まさにこの場所にとんでもない水量の川が流れていて、川底には自動車ほどもある大岩がゴロゴロ転がっていて、当時はダムや堰堤もなかったので、海からここまでサクラマスが上がってきていたそうです。記録にはありませんでしたが、もしかしたら鮭も上がってきていたのかも知れません。流れの速いところには鮎がもの凄い数で群れ泳いでいて、緩いところには大きなウグイが手掴みで取れるほどいて、上流へ行けばイワナがたくさん取れたそうです。

　そして状況が変わったのが昭和２０年代。暴れ川だった小矢部川を抑えて農業用水を確保して下流域の洪水被害を食い止め住民の雇用を生み出すために「小院瀬見発電所」ができて水の流れが止まったため、農業用水の安定供給と下流域の洪水対策と住民の雇用がなされたけれど、それと引き換えに小矢部川は死んだそうです。

　水量が激減した、水がなくなった、ためにサクラマスも鮎も上れなくなり、ウグイも姿を消したそうです。

　そして今、当時のことを懐かしく思う人がいて、私もその方からお話を伺いました。確かに生活も安定したけれど、子供の頃楽しく遊んだ小矢部川が死んでしまったのはとても寂しいといっておりました。人間が凄いテクノロジーを使っても昔の川は取り戻せないから、せめて今の環境を壊さないようにしないといけないのではと思います。

　直せないものを、壊さないようにしなければいけないと思います。

　私の近所に住んでいる人たちの中には

「このままじゃいけない」

と気がついている方が何人かいます。私のように生まれ育った都会はどうでもいいから田舎に暮らしたいとか、お金や物に頼り過ぎない質素な暮らしをしたいと願う人も全国にいます。いろんな方に聞いてみると、すでに、あちこちから太美山地区に移住して生活している人が結構います。

　これからはそういう人たちが力を合わせて知恵を出し合って、新しい田舎の形をつくれるようになればいいなと思います。お互い得意な所を出し

合って。

　今は情報がいつでも手に入ってくる時代ですが、あまり情報が多すぎると足元をすくわれる。本来やるべきことがおろそかになってしまうと思えて仕方がない。今の田舎の現状は、すごく中途半端で、どっちつかず。情報発信も大事ですがそれは得意な人に任せておけばいい。私にはできないし。

　昔は良かったとノスタルジーに浸らずに、対岸の火事にせず、遠い土地のことなど気にせずに、私たちは足元をしっかり見て地味に確実に日々を過ごすことが大事なんじゃないかなと思えて仕方がない。日々私の近所の日常を見ていてそう思います。

🐾 釣り道具について

　今、釣具屋さんに行くと本当にいろんな道具が売っています。
　今日はこれを買おうと決めてから店に行くと、色々ありすぎて目移りしてしまって
　「こんないい物があるのか！」
　「便利そうだな、これ！」
　「あ！これ探してたやつだ！」
　などと思ってしまって、ついつい買ってしまい、大満足して家に帰ります。
　そして少し落ち着いたところで買ってきたものを眺めてみると、買おうと思って出掛けたのにそれがない。明日の釣りに無くては困るのに、もう店は閉まっていて明日は定休日（釣具屋さんの大勝利！！）。
　そして次の日、昨日買い忘れたものを遠い店まで買いに行き、見慣れない旨そうな飯屋を見つけてしまって
　「もう昼だし今日はここで」
　と定食を注文して美味しく頂いて、すこし昼寝をして釣り場に着いたらもう夕方。結局釣る時間も無く、暮れ行く夕日に照らされた美しい川面を眺め、家に帰ってため息をひとつ。
　「この休みは釣りまくる！」と意気込んでいたのにどうしてこうなったのか。家族に「今日はどうだった？」と聞かれてもなんて答えればいいのやら。また一週間仕事しなければ休みは来ない。あれ！今度の日曜出勤になってる。あーしんどいなー。釣りなんてやめちゃおうかな。
　想像ですがどこかでありそうなシチュエーション。誰もが一度は似たような経験しているのではないかと思います。私も経験ありますよ。その先の一週間の仕事の辛さ。よくわかります。
　釣具屋さんは買ってもらって利益があがってなんぼの商売だから、ついでにもう一品かってもらう工夫を凝らして店の陳列などをしてありますし、それに加えて

「お客さん！これ新製品ですよ、それを買うならこっちをどうぞ。」
などと商売トークを炸裂させてお客の足を止めて財布を開けさせる。そう言われてお客も
「そうだよねー」と納得して買って行きます。
そこから先は人それぞれですが、なにかピカピカした綺麗な新製品が手に入ったから満足して、おいしいお酒を飲める人と、ピカピカした綺麗な新製品を目の前に置き、
「必要なかったかもしれないな。」と、むなしい気持ちでうつむく人。
たかが釣りですがここにもいろんな人生があります。
　魚釣りに必要なのは魚ですが、その魚を捕まえるためには道具が必要になります。いろんなものがある中で何が一番大事なのか？
　カッコよく動きやすい服装か？
　自分の体の一部のように自在に操作できる釣竿（フライロッド）か？
まるで本物の虫のように巻かれた毛ばりか？（フライフィッシングの場合です。）
　ここも人それぞれ人生いろいろですが、私の場合は毛を巻く前の釣り針だと思っています。
　これは昔ベテランフライフィッシャーに教えてもらって納得したことなんですが、魚と直接触れる部分が一番大事でそこから遠くなるにしたがって重要性は無くなってくるそうで、例えば大きなニジマスがとても小さな虫ばかりを食べているのがわかって、そのニジマスを釣るための毛ばりを選ぶ時に、どんな針がいいのか。大きさの同じ針でも軸の太さはいろんな種類があって、さらに針の懐の深さも各種いろいろ。針が小さく釣ろうとしている魚が大きい場合、まずしっかり口に刺さらなくてはいけないというのが大前提で、そうなると懐が浅い針では魚の口の皮一枚しか掛からずすぐに針が外れてしまいますし、軸の細い針は掛かった瞬間にポキッと簡単に折れてしまいます。
　選ぶのは太い軸で作られた懐の深い針に決まりました。
　そして次に大事なのは針を結ぶ糸。
　あまり太すぎても穴に通らなくて針を結べないし、逆に細すぎると掛

かった瞬間にプチッと切れてしまいます。

　切られないように魚に見破られないように、ちょうどよい太さの糸を選ぶ必要性が出てきます。また浮かべるか沈めるかで、使う糸の種類も変わってきます。ここは経験するしかないとは思いますが。

　針の大きさと糸の太さのバランスについてはある程度決まりがありますのでそれに合わせていけば大丈夫です。

　そしてやっと出てくるのが釣竿（フライロッド）。私が持っているのは３本でそのうちの２本をいつも使っています。２本とも穂先が柔らかく手元はしっかりしていて長さは同じ、大きな毛ばりを投げたり遠くの魚を釣るために、５ミリほどの小さな毛ばりを細い糸で釣るためにと、使い分けています。この２本ともバーゲン品で１万円しませんでした。それまではいろいろ買っていましたがその３本以外は捨ててしまったりあげてしまったりで、もう手元にはありません、今後買い足す予定もなし。また、はじめて毛ばり釣りをする人は渓流用の餌つりの竿がおすすめ。フライロッドは釣り場でちゃんと投げられるようになるまでが大変で、そこでイヤになってしまったらかわいそうなので、家にある渓流竿に糸をつけて毛ばりを結びつけて釣った方が、魚を釣り上げる喜びを味わえるしバカみたいに高い道具を買う必要もなくなります。こんな簡単な道具でする釣りも立派なフライフィッシングだと思うけどな。

　それに自分にあったフライロッドを選ぶのは難しいと今でも思います。それでも映画のように華麗にフライフィッシングを楽しみたい人、まず買ってみようと思う人は入門用セットがおすすめです。ちゃんと道具のバランスが取ってあって、初めての人でも練習すればちゃんと投げられるようになります。出来れば上手い人を見つけて教えてもらうのが一番です。あとは毛ばりや糸といった消耗品を買い足していけばずっと使い続けられるはず。そして使い続けていくうちに、川幅が狭いからもう一本短いのが欲しいとか、あの対岸のポイントを釣りたいから遠くに投げられる竿が欲しいとなった時に買うといいと思います。その時にはちゃんと自分で選べるようになっているはずです。

　その他の道具はどうなのか？

あとはどうでもいいんじゃないかなと思います。服装にしても私は暑い時期にはＴシャツ短パンビーサンで釣りますし（この格好でバシバシ釣っていると怒る人もいますが。）仕事帰りは作業着ですし（結構います。こういう人）足場の高い釣り場では子供用５００円タモ網を使ってしまいます（これがナカナカ便利）。ここではあまり関係ありませんが鮎の友釣りの竿も５千円です。

　ポケットがいっぱいあるフィッシングベストも使わず、ワンショルダーのカバンを使っています。木の枝に引っ掛けたり穴が開いたりほつれてきたり傷みが激しいので安いカバンを使うことにしています。安いものだからあまり気にせずに藪の中を歩いたり出来るし、ダメになったら近所の店に買いに行けばいいだけ。

　釣り道具は、やはり魚を釣るための道具であって、道具というのは使いこなして初めて価値があるもので、あまりに高いとまるで骨董品のような扱いになってしまって、おかしなことになりかねませんので、私はあまり手を出しません。

　そうはいっても人それぞれですので、その人の生活水準に合わせた道具で楽しめばいいんじゃないかなと思います。イギリス製のバンブー（竹製）ロッドなんて高価だけれどもとてもかっこいいものです。レンジローバーに犬を乗せて釣り場に向かい、ネクタイを締めてツイードジャケットを着てハンチングをかぶって、足元はハンターブーツ、バンブーロッドを振ってマスを一匹釣るなんて一度はやってみたいもんですが、値段が気になって釣りに集中できないだろうなと思います。

　いろんな人がいて、それぞれのスタイルで自由にフライフィッシングを楽しんでいるのが一番自然です。

🐾 自然を相手に遊ぶこと

　釣り道具を必要最低限買い揃えて釣りにいきます。
　釣り場に着くと、そこには人間の生活圏から離れたので、人工物は何も見えなくて、あるのはただ自然のみ。ポケットに入っているお金もここでは全く意味の無いものになり、もともとそこで暮らしている野生動物のテリトリーに入ったために、彼らから見たら人間は縄張りを荒らす侵入者に見えるかもしれません。彼ら野生動物は姿を見せなくても人間の動きを静かに見ていて、鳥なども木の陰に止まってこちらの気配を伺っています。
　人間は自然の中に来て綺麗な景色をみて、いろんなものを手にとって見たり、思わずはしゃいで大きな声を出してしまったり、あちこち歩き回ってみたりするけれど、そこに暮らす野生動物にしてみれば大迷惑な話。
　野生動物は必要が無い限り、声を出して鳴かないし、動き回ることも走り回ることも無い（と思う）。時々姿を見せる彼らは縄張りを荒らす侵入者かどうか静かに様子を伺っているだけなので、そんな時は人間も静かにしていなければいけない。
　鳥が急に頭の上を飛び回ったりするのは彼らの巣が近くにあって「あっちへいけ。」と侵入者に対して警告を発しているだけ。人間が近づいて動物が鳴きはじめるのもほとんどの場合同じ意味があって、決して友達になろうとして飛んできたり鳴いている訳ではありません。
　私がいつも思うのは、釣りに行って自然の中に来たら人間も動物も同じ立場になるということ。なぜならそこは人間の生活圏内ではなくもともとそこにいた生き物の生活圏内だからです。大声を出してはいけないし、走り回ってはいけないし、はしゃいではいけない。
　そこにあったものはそこに生きる生き物のものだから持ち帰ってもいけない。たとえ小さな石ころでも裏側には虫たちの住処があるかもしれないし、細い木の枝にしても虫たちの大事な食卓かもしれません、葉っぱの裏側は幼虫が身を隠す場所になっているかもしれません。
　そうして自然の中で静かにしていろんなものを見ていると、魚の餌とな

る虫たちがどこにいるのか判ってきます。そして魚がどこにいるかもよく見えるようになるし、水が流れる音の中から魚が跳ねる音を聞き分けることが出来るようになってきます。波立つ流れの下にいる魚や、深い淵の底にじっとしている魚も見えてきます。魚が今何を食べているかも分かるようになり、魚も釣れるようになっていきます。

　フライフィッシングには四つの要素があります。
　【観察】【タイイング】【キャスティング】【フィッシング】
　まず釣り場に着いたらその日のコンディションを静かに観察することが何より大事かなと思います。他の三つの要素は後からついてきます。とはいっても始めたばかりの人は、見たこともない綺麗な景色や澄んだ水の流れやおいしい空気などに感動してはしゃいでしまうかもしれません。それは仕方の無いことです。しかしそれで、魚が釣れなかったり、先に来ていた人に注意されるということがあったなら、その釣り場はあなたにとってまだ来てはいけない場所かも知れません。もう少し釣りやすい場所、例えば管理釣り場などで練習したり自然の音が聞こえるように静かにしていることを覚えないといけないのかもしれません。

　釣りは自然が相手のもので、道具の品評会やおしゃべりや腕前を自慢するような場所ではないはずです。

　よく観察し、よく考えて、静かに魚を釣り上げる、ただそれだけです。
　とてもシンプル。
　テンカラという日本独自のフライフィッシングがありますが、これは本当に究極のシンプルさで、使う毛ばりは二種類のみ。竿は一本、糸も一本。毛ばりの投げ方や流し方を工夫してあらゆる場所を釣ることが出来るシンプルなシステム。むかしイワナを獲ってそれを売って生活をしていた職漁師たちが考え出した釣り方で全く無駄なものがありません。また、山の中で過ごすことについてはマタギの技術もすごくシンプルで、よく周りを見ていろんなことを学べば道具を持ち込まなくても山にあるものでほとんど全て間に合ってしまう。ナタが一つにマッチが一つあればほとんど全て間に合ってしまうという凄い技術です。自然の中で遊ぶにはマタギやテンカラからもっともっと学んだ方がいいんじゃないかと思ってしまいます。よ

り多くを学べば、必要なものはより少なくなる。ということだと思います。
　これは釣りに限らずアウトドア全般に言えることだと思いますが、いろいろ持ち込めば便利になるし、物が多い場合は大きな車でそこまで持ち込んでしまえば汗かいて運ぶ必要もなくなるし、いつもの生活と同じように過ごせます。お店に買いに行けば目移りするほどいろんなものが売っています。いろいろ買って持って行きたくなります。しかしそうなると人間は、持ち込んだものの奴隷になってしまう。
　膨大な荷物を車から降ろし、テントを張って、タープを張って、ツーバーナーをセットして。スムーズに出来ればいいけれど、買ってから一度も使っていないので説明書を持ち出して読みながら道具をセットして、疲れたのでキャンピングチェアを出してきてスマホをいじりつつ休憩。そしてさらに、いろんな道具を持ち出して品評会が始まって、それを使うのかと思いきや車の中に仕舞ってしまい、次の道具を出してきて。
　買ってから一回ぐらいは袋から出して家の庭などで使う練習、仕舞う練習をしておかないといけないし、自分の道具を使いこなせないのは見ていてすごくかっこ悪い（と思う）。
　自分の道具のはずなのに、使いこなせずに大量の物資に振り回されて３０分で終わるところを２時間近く掛かってしまい、夕食の時間になってしまった。美味しい料理を作って楽しもうといろいろ食材を買ってきた、さらに魚を釣って夕食の一品にしようと思っていたけれど、時間がなくなって作るのも釣りに行くのも面倒くさくなり、お湯を沸かしてレトルト食品を温めて、食べ終わったら花火をして・・・。
　人間が物に使われてしまってる？
　彼らは今日一日自然を感じたのか？
　ここに来てそれをする必要はなかったんじゃない？
　いったい何がしたくてここに来たの？
　何が必要で何が必要ないものなのか、がよく分かるのが自然の中での遊びの特徴じゃないかなと思います。釣りをするにしても登山をするにしてもキャンプをするにしても、持って行かなくていいものは何かがわかる。何回も経験すれば必ず使わないもの、足りないものも出てきます。フライ

ロッドが5本もあったり、ランタンが3個もあったり、そうかと思えばタープの張り綱が足りなかったり、作った料理をすくうお玉が無かったり。そういう自分にとっていらないもの、使わないもの、いさぎよく捨ててしまいましょう。他の人にとっては必要なものかもしれないので、そういう人がいたらあげてしまいましょう。そして無くて困った必要なものを最低限だけ手に入れましょう。たりなかったら自然の中にあるものを使ってみましょう。

　釣りや登山やキャンプなどに出掛けるなら、自然の中で暮らしている生き物のように、自然に目を向けられるように、物の奴隷にならないように、自分の行動に注意する必要があります。

　スマートに、シンプルに、そこに住む生き物のように静かに自然を楽しみましょう。またそうして楽しんでいる人は、見ていてかっこいい、女性ならとても美しい。見た目の身長や体型や年齢や性別や服装や国籍や、そんなことを全部乗り越えてしまって、かっこよくて美しい。

　今よりもっとスマートにシンプルにやりましょう。

釣り場で準備中

🐾 魚の他に釣れる生き物
　　（楽しいアクシデント）

　これは釣りをしていて偶然起きた、魚以外のものを釣ってしまったという話です。
　私のホームリバー、家の裏の川での出来事。
　トンボはどんな種類でも飛んでいる虫をフライングキャッチします。
　小さなイトトンボが飛んでいるカゲロウの成虫を捕まえる様子は釣りをしているとよく目にします。弱々しく飛んでいるイトトンボがこれまた弱々しく飛んでいるカゲロウを空中で捕まえます。
　オニヤンマぐらい大きな運動能力の高いトンボになると、大きなすばやく飛ぶ虫を捕まえることが出来るようで、オロロなんかも捕まえることが出来るんじゃないかなと思います。
　家の裏で釣りをしていた時のこと。そこを縄張りにするオニヤンマが飛んでいるのは釣りを始める前から見ていました。いつものポイントでしばらくヤマメの気配があるか観察してから毛ばりを決めて結びキャストすると、毛ばりが小枝に引っ掛かった感触がロッドに伝わってきました。

　確かめてみると、毛ばりを結んだ所に１０センチくらいの小枝が引っ掛かっている。ほどこうと思い手繰り寄せようとしたら小枝が空を飛び始めた。なんだなんだ。
　よく見るとオニヤンマが糸に絡まってもがいてる、しかも結んだ毛ばりを足でしっかりかかえてる。ヤマメ釣りに来てオニヤンマを釣ってしまいました。
　糸をほどく最中も毛ばりをしっかりと抱きしめたままもがいてる。ピンチでも餌は離さないんだね、君たちは。結局糸を細かく切って逃がしましたが、毛ばりでトンボも釣れることがわかりました。
　昔田舎のおじいちゃんにトンボの採り方を教えてもらったことを思い出しました。空中を行ったり来たりしている何かを追っかけてくるからそれ

を利用してトンボを捕まえることができると。面白いので家に帰って玄関前を行ったり来たりしているオニヤンマにそれをやってみました。捕まえようとして旋回飛行しながら追っかけて来ました。

　トンボを獲るにはフライフィッシングが一番ですよ。皆さん。

　渓流には結構いっぱいカエルがいて、今度はそれを釣ってしまった話。
　五箇山大橋の下を流れる梨谷川を釣っていた時のこと。ここはイワナの渓流でサイズは小さいけれども時々思わぬ大物が掛かるところで、その日も期待をしつつ釣っていました。
　イワナは読んで字のごとく岩のそばにいますので、毛ばりを岩の上に投げて、岩に乗っかった毛ばりをポトンと落とすとガバっと釣れることが多く、その釣り方で釣りあがっていきました。
　ある大岩の上に毛ばりを投げたところ、岩の上に乗せた毛ばりが同じ岩の上にあった小さな石ころに引っ掛かってしまい、外しにいこうと歩き出したらその石ころがポチャンと水に落ちて泳ぎだした！ビュンビュンと変な引き方で、なんだなんだ！と思ったらでっかいカエル！体長約２０センチ。
　種類は分かりませんでしたがちゃんと口の中にフッキングしてネットの中でピョンピョン暴れてる。グニョグニョしていて針を外すのがすっごく大変でした。虫を食ってるものならほんとに何でも釣れちゃうんだな。
　またもう一つ変わったもので、今度は庄川の下流域でニジマスを釣っていた時のこと。
　本流の流れにあるポイントはだいたい遠いところにあるので遠投しながら釣ります。そうすると糸が絡まる（ライントラブル）ので、たまに竿を置いて絡まったところをほどきます。他の人に踏みつけられないように誰もいないところを見つけて、竿、糸と毛ばりも地面に置いてほどいていると、急に竿が持っていかれました。
　とっさに竿を持って構えると今までに経験したことも無い強い引き、釣り人の魂が揺さぶられる。
　「コイツの正体を突き止めなければ！」糸の先は藪の中にある。

どうやって獲物との距離を縮めて取り込もうか。ほどいてない結び目で糸が切れなきゃいいが・・・。

　動きが止まったので、リールに糸を巻きながら獲物との距離を縮めてあと１ｍ、やっと姿が見えた獲物はメスのキジでした。針と糸が足に絡まってもがいてる、何とか捕まえて糸を切って幸い針も刺さっていなかったのでそのまま逃がしました。大きさ・重さ、共に白鮭なみの大物でした。その時は何か興奮して思いつかなかったけど、どうせなら尻尾の羽根を一本もらっておけばよかった。フェザントテイルという材料で毛ばりを作るのによく使われるもの。買えばお金がかかるし失敗した。と後悔しました。

　こうした面白い体験もできるフライフィッシングですが、自然の中でじっとしていられる、静かにしていられることが出来てこその体験だと思います。はしゃいで騒がしくしていたら周りにいる生き物は警戒します。これから釣ろうとしている魚も逃げてしまいます。

　ネイティブアメリカンの人たちが子供を自然の中に連れ出してまずさせることは、そこにじっとして半日座っていることだそうです。それをさせることで自然がいろんな姿を見せてくれることを学ばせるそうです。少しでも動いたらすごく怒られるらしい。

　たしかに静かにじっとしていると、周りの生き物は少しだけ警戒心をといて姿を見せてくれることもあります。

　私がフライフィッシングを通じて経験したことがあるのは、野鳥が近くの岩の上に止まってこっちを向いてさえずってくれた（気がした）。

　対岸をまるでご主人に呼ばれて尻尾を振りながら駆け寄ってくる犬のような可愛らしいカモシカ。私が釣っている対岸に立ってしばらくこっちを見ていてまたトットコと嬉しそうに駆けていったり、近くの藪からヒョコっと顔だけ出してこっちを見ている野ウサギ、とか。前に見える山の斜面を落ち着いた感じで歩いている森のクマさんがちらりちらりとこっちを見つつ餌を探していたり、夕方暗くなり始めると目の前をキツネが飛ぶように駆けていく、などなど。

　こういったことは本来の目的の釣りではなくて「アクシデント」ですが、なにか心の底から満足することができます。

実践編

毛ばりを作ろう

どんなフライを用意しようか

　何かを始めて上手く出来る様になると、うれしくてどんどんやりますね。私もフライを巻ける様になってからは、徹夜して巻いてました（次の日仕事があるのにも関らず）。
　フライフィッシングはイギリスで１６世紀頃に始まり、以来ずっと色んな人たちがフライパターン（種類）を考えてきました。一人の人が一生かけても巻ききれない程の数を。
　しかし、実際には一日釣りに行って使うフライはせいぜい２～３個。そんないっぱい必要ないと思っています。私も始めの頃はフライボックス６個（総数１万個以上）をカバンに常備していましたが、今は10種類ぐらいで100個程です。フライボックスは２個持っていきます。
　川についたらパイロットフライ（お気に入りのフライ）を結んで流します。
　そこで釣れたらオッケー。
　もし釣れなかったら巻きつけた材料をその場で短く切ったり、ねかせて取り付けた材料を立ててみたり、毛ばりの一部を切り落としてみたり、現場で加工してみる。それでもダメなら取替えてみたり。初めての一匹を釣るために用意するフライは10個もあれば十分だと思います。

必要な道具

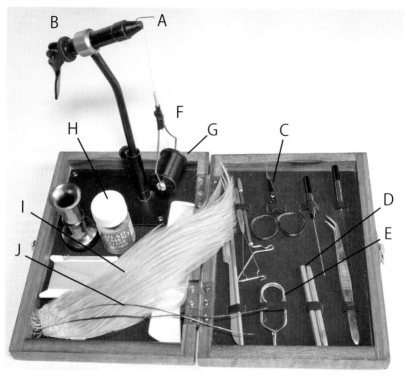

工具の説明

A　空針
B　バイス　　　　　　：針を固定する万力
C　ハサミ
D　ハーフピッチャー　：仕上げに糸を巻きとめる道具。
E　ハックルプライヤー：針に羽根を巻きつける。
F　ボビンホルダー　　：針に糸を巻く道具
G　スレッド　　　　　：毛を巻きとめる糸
H　セメント　　　　　：仕上げに使う接着剤
I　ハックル　　　　　：ニワトリの羽根
J　ピーコック　　　　：孔雀の羽根

毛ばりが出来るまで

　材料が一番少なく簡単に出来るグリフィスナットという毛ばりを例にとって説明をします。まず、この毛ばりを作る材料は、針、毛を巻きつける糸、クジャクの羽根（ピーコック）、ニワトリ（グリズリー）の羽根です。

　お手本どおりに作るには、針にクジャクの羽根を巻きつけて、ニワトリの羽根を巻きつけて、完成です。たったそれだけ。３分もあれば出来る毛ばりですが、これで確実に魚を釣り続けられるようにするためには、細かいところを色々と改良する必要があります。例えばクジャクの羽根を隙間なく巻いたほうがいいのか粗く巻いたほうがいいのか、ニワトリの羽根を巻くにしても、細かく、粗く、毛足の長いもの短いもの・・・などの選択肢が増えていくわけです。そういった選択肢のなかでどれがいいのかが決まるのは、「実際に釣り場で思った通りに使えて魚がちゃんと狙った通りに釣れるかどうか」によります。魚が釣れない毛ばりなんて全く意味が無く、そんなものを持っていても邪魔なだけ。

　このグリフィスナットの場合、クジャクとニワトリの羽根を細かく巻けば表面張力によってポッカリ浮くけれど羽根が水を吸い出したらあっという間に沈んでいくし、粗く巻けば水面にペタっと張り付く感じに浮き、水を吸う羽根が少ない分沈みにくくなると思います。もうひとつ考えられるのは実際の釣り場で使ってみて、魚の毛ばりに対する反応がいまいちの時に現場で毛ばりを加工するわけですが、その加工することを前提に、巻くときにはほんの少しだけ羽根を多めに巻いておくことも考えておかないといけない。

　こうして考えてみると、この２種類しか材料を使わない簡単な毛ばりが「よく釣れるお気に入りの毛ばり」になるためには長い時間がかかるということが分かります。実際に釣り場に試作品を持っていって釣れるかどうか、実験しても魚が釣れない日もあるので、そこでさらに時間がかかっていくわけです。

　私はこうした実験をするために、管理釣り場にいきます。いわゆる釣堀

です。フライフィッシング・ルアーフィッシング専用釣り場で確実に魚がいて釣れるところで、そこへ試作品を持っていって池に放された養殖ニジマスを相手に実験をします。そしていろんなバリエーションの毛ばりを使ってみて、流れの強い時はこの毛ばりが使いやすいとか、流れがゆるい場所で使うのは羽根の量が少ないパターンがよいとか、毛ばりを半分沈めた方が魚の反応がいいとか、これは使い物にならない等、自分で作った毛ばりの使い方を覚えていくわけです。学習塾に通うのと同じかもしれません。そうしてだいたい数ヶ月かけて１つの毛ばりが完成し、釣り場によって使い方を変えていくことも頭に入って、そうしてようやくこの毛ばりがレギュラー選手として活躍します。毛ばりを巻くこと自体は慣れれば簡単に出来るようになりますが、自分にとって使いやすくて魚がよく釣れる毛ばりが作れるようになるにはこのような「楽しい努力をする時間」がとても大切で、そうして出来た毛ばりはその人にとって、持っていればなんとかなる「釣りのお守り」になります。

管理釣り場（釣り堀）

毛針の巻き方

①バイスに空針を固定して糸を巻いていく。針の頭から隙間なく巻いていく。

②ハックルから羽根を一枚むしり取って、羽根の根元を写真のようにカットする。

③カットした羽根を写真の向きに巻きとめる。

④ピーコックを巻きとめる。

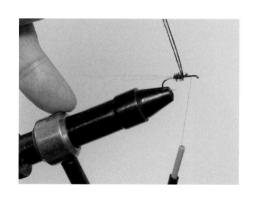

⑤ストレッドを針の頭の方に巻きながら移動させてピーコックを針に巻きつけていく。針の頭まで巻いたら糸で固定して残りを切り取る。

⑥ハックルプライヤーでハックルの先端を挟み、ハックルを巻きつけていく。針の頭まできたらハックルを巻きとめて残りを切り取る。

毛針の巻き方

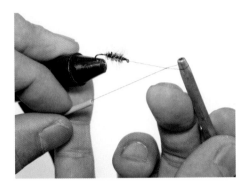

⑦ハーフピッチャーを使って糸を写真のように固定する。ここで糸をカット。

⑧糸を固定した所にセメントをたらして糸が解けないようにする。

完成！

あなたが最初の一匹を
釣る方法

　それじゃ自分もやってみようかと思った時に、何を持っていってどんなことに注意してどうやって釣ればいいのか説明します。
　持っていくものは、家にある渓流餌つり用竿一本、テグス(0.8号と1号)、買ってきたか作ってもらった毛ばり数本の以上3点。
　釣り場に着いたら竿に糸をつける。竿より短い方がいい。その先に毛ばりを結びつけてこのようなポイントに毛ばりを流してみる。
　初めて釣るにはこの方法が一番。
　注意することは、(意識して)静かにしていること、静かに歩くこと、静かに周りをよーくよーく見る事です。釣りたい釣りたいと強く思っていてもグッとこらえて、まずは静かに周りを見ること。

　フライロッドを使っての釣りはやらない方がいいです。まず空き地などで糸を投げる練習をする必要があり、それをしないと全く釣りにならない。釣りを始める前にトラブル連発で確実にイヤになってしまいます。自分の経験からそう思います。

道具の準備

　釣りをするには、竿や釣り針を釣り糸で結ばないといけません。釣り糸の結び方は必修です。ほどけることのなく充分な強度を備え、用途に合わせた釣り糸の結び方を紹介します。

竿と糸の結び方

1号か0.8号の糸を折り返す。

写真のように結ぶ。

同じ結びを2ヶ所作る。

輪を作る。

竿の穂先に通して締めこむ。

道具の準備

糸と針の結び方

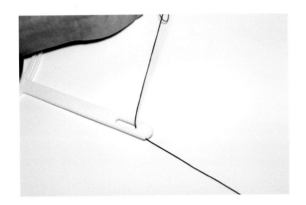

針の穴に糸を通す。

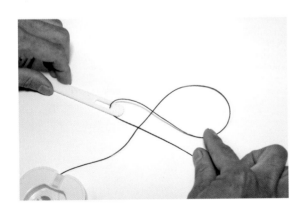

手の端で輪を作る。

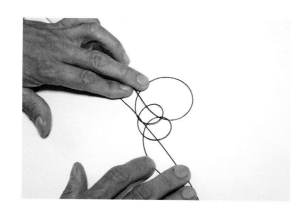

輪の中に糸の端を2〜3回通す。

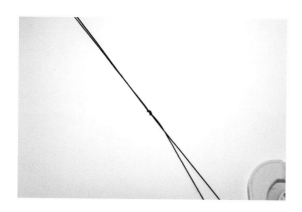

結び目を引き締める。

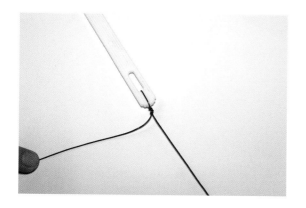

輪を引き締める。

　　　　魚のいる場所。

×　　　　　　毛ばりを入れる場所。

矢印（→）のように毛ばりを流す。

※あまり深く考えず、まずは竿を持って川に行くことが大事。
※日の出前と日没後は釣りはできません。（内水面漁業規則による。）

おわりに

　この本を手にしてくださった方、読んでくださった方へ、本当にありがとうございました。フライフィッシングをしたいという思いだけで富山に移住していろんな経験を重ねて、今まで自分なりに蓄えてきたフライフィッシングや釣りに対する思いを書いてみました。特に初心者に向けても書いてみました。

　私が何よりも強く思うのは「魚釣りに必要なのは魚」ということで、ずっと遠い未来までフライフィッシングが、魚釣りが出来るように、魚という資源を大切にしていきたいと思います。「おじいちゃん！危ないから川にいっちゃダメ！」と周りから言われるほどのジジイになってもフライフィッシングが出来るように、縁側で日向ぼっこしながらお茶を飲み「昔は良かった」とうつむかないで済むように。

　釣りは"とてもいい気晴らし"になります。また自然をよく知るための、自分たちの生活を知るための良い手段でもあると思います。

　日本中の川が今よりも魚でいっぱいになり、「こんな魚どこにでもいるよ」という言葉がいっぱい聞こえてくるようになることを心の底から願っています。

　この本を作るにあたり、文章は私が書きましたが写真や絵やイラストやデザインなど、多くの方々の協力があったからこそ出来たものです。「そんなこと、書いたらマズいんじゃない？」と、アドバイスして下さった方々もいます。この本に登場して下さった方々、そして私に「釣りばっかりして、お前バカじゃないの。」と言って下さった方々も協力者だと思っています。

　本の著者は私になっていますが「全員で力を合わせて作った本」だと思っています。私の足りない部分を補うために協力してくれたCasa小院瀬見スタッフやその他全ての皆様に対して感謝の気持ちでいっぱいです。

　ありがとうございました。

著者紹介
綱川智之（つなかわ　ともゆき）
1967年11月4日生まれ
日本大学鶴ケ丘高等学校卒業
富山県南砺市樋瀬戸在住
2000年に単身富山に移住し
現在、農業にチャレンジしている。

毛ばり釣り師の日記帖

2016年10月30日　初版発行　　　　　　　　定価　1300円＋税

　　　　著　者　　綱川　智之
　　　　編　集　　Casa 小院瀬見　桂書房編集部
　　　　発行者　　勝山　敏一
　　　　発行所　　桂書房
　　　　　　〒930-0103　富山市北代3683-11
　　　　　　　電話　076-434-4600
　　　　　　　FAX　076-434-4617
　　　　印　刷／株式会社　すがの印刷

©2016　Tomoyuki Tsunakawa　　　ISBN 978-4-86627-016-6

地方・小出版流通センター扱い
＊造本には十分注意しておりますが、万一、落丁、乱丁などの不良品がありましたら送料当社負担でお取替え致します。
＊本書の一部あるいは全部を、無断で複写複製（コピー）することは、法律で認められた場合を除き、著作者および出版社の権利の侵害となります。あらかじめ小社に許諾を求めて下さい。